KB171018

고사성어 문화답사기

고사성어 하남·산동 편
문화답사기 1

강영매 지음

ß범우

고사성어는 우리에게 너무나 익숙한 말이다. 수천수백의 중국의 고사성어 중에서 한국에서 사용되는 고사성어도 몇백 개에 이른다. 고사성어는 우리의 주변에서 너무나 익숙하게 쓰여지고 있다. '완벽', '등용문', '사면초가' 등처럼 우리의 언어 속에 깊숙이 들어와 그 유래를 생각해 볼 겨를도 없이, 굳이 생각하지 않고도 자연스럽게 사용하고 있다.

이렇게 수천, 수백 년 전에 탄생된 중국의 고사성어가 시간과 공간을 뛰어넘어 한국에서까지 아직 그 뜻대로 사용되고 있는 것을 생각해 볼 때 언어의 생명력과 영원성에 숙연해질 뿐이다.

고사성어는 반드시 숫자가 정해져 있는 것은 아니지만 일반적으로 넉 자로 되어 있다. 성어의 출처도 몹시 광범위한데 대부분은 역사적 사실에 근거를 둔 것이다. 고사성어는 역사 사적의 축소된 것이다. 고사성어는 역사 사적의 축소된 단면이며 인생 경험이 누적된 것이라고 말할 수 있다. 물론 신화나 풍속, 문장 등에서 나온 것도 있다.

여러 차례 중국의 이곳저곳을 답사하는 중에 고사성어가 발생한 지역에서 과장되게 홍보하는 것을 볼 수 있었다. 진정한 역사 유적이 있는가 하면 역사와 허구가 결합된 유적, 심지어는 완전한 허구로 문학 속에 나오는 유적도 있었다. 물론 그것이 모두 자신의 고향을 알리고 자랑하고 싶은 인지상정에서 비롯된 것임에도 불구하고 간혹 너무 과장되고 있다는 생각이 들었다.

본서에서는 필자의 발길이 닿았던 지역을 중심으로 새롭게 고사성어를 살펴보았다. 고사성어는 역사와 함께 전래되어 온 것이기 때문에 역사가 오래된 지역에서 많이 발생하였다. 하남성은 은나라의 유적이 있는 안양을 비롯하여 역대

4

왕조에서 낙양, 정주, 개봉을 수도로 정하였던 곳이다. 그래서 많은 고사성어가 있다. 하남성 옆의 산동성도 이전의 제나라와 노나라가 있던 지역으로 공자, 맹자, 증자 등의 고향이기도 하다. 그리하여 우선 하남성과 산동성을 중심으로 하여 고사성어를 살펴보았다. 다음번에는 섬서성, 산서성, 강남 지역 등의 고사성어를 살펴보려고 준비하는 중이다.

그러다 보니 본서에서 다루고 있는 고사성어가 극히 일부분일 뿐이고 소개하지 못한 유명한 고사성어가 더 많이 있다. 또한 고사성어를 중심으로 이야기를 하다 보니 답사 지역의 더욱 재미난 이야기나 문화를 다 소개하지 못한 아쉬움도 있다. 하남성은 역사 박물관이라고 해도 과언이 아닐 정도로 많은 역사 유적이 있는 곳인데 다 소개하지 못해 아쉽다. 산동성의 '단기지교', '관포지교' 등과 같은 고사성어도 너무나 유명하지만 소개하지 못해 아쉬움이 많다.

본서에서는 고사성어를 소개함과 아울러 그와 연관된 문화적인 현상도 살펴보았다. 이는 단순한 고사성어의 내용만이 아니라 그와 연관하여 문화도 살펴봄으로써 중국인의 생활과 풍속, 심성과 사유를 알 수 있기 때문이다.

본서에 소개된 많은 내용은 2005년 4월부터 월간지 《책과 인생》에 소개된 것을 중심으로 엮은 것이다. 새롭게 사진을 넣고 수정하여 이번에 책으로 묶었다. 본서를 통하여 고사성어의 본뜻 이외에 그와 관련된 중국의 문화를 통하여 좀더 중국을 이해할 수 있었으면 하는 바람이다.

그동안 필자의 과도한 재촉에도 불구하고 묵묵히 본서를 위하여 애써 주신 윤아트 여러분께 감사를 드린다.

2009년 2월

차례

산동성에서 발생했거나 그곳과 관련된 고사성어

그 밖의 더욱 재미있는 고사성어들

고사성어 — 문화 콘텐츠의 보고

고사성어는 유구한 중국 문화 속에서 생겨난 옛사람들의 지혜의 결정체이며 언어 속의 찬란한 보석과도 같다. 고사성어는 사람들이 오랜 기간 동안 사용하여온 역사적 원류가 있는 어휘로서, 탄생할 때부터 정형화될 때까지 수차례의 선택과 정련을 거쳐 오늘날의 의미로 정착되었다. 지금까지 그 생명력을 갖고 존재하는 고사성어는 곧 언어 속의 활화석과 같아, 우리가 중국 문화를 연구할 때 풍부한 소재를 제공해 준다.

또한 성어는 고정된 구성 형식과 조직 성분을 갖고 있어 특정한 함의가 내포되어 있고, 문법적으로는 정형화된 어휘나 단문을 이루고 있으며, 보통의 어휘들에 비하여 폭넓은 정보력을 담고 있다. 어휘의 정보력이 클수록 문화를 담는 그릇도 크기 때문에 더욱 완전한 중국의 문화적 함의가 내포되어 있다. 그러므로 우리는 고사성어를 통하여 중국 역사, 중국 문화와 중국 민족의 독특한 심리 구조, 사유 방식, 심미안과 가치 체계를 살펴볼 수 있다.

고사성어의 형식

고사성어는 대부분 4자의 단음절어 위주다. 고사성어는 4자 성어가 대부분이지만 '완벽', '기우', '계륵', '지음'과 같은 2자 성어, '등용문', '백안시', '고육책', '기린아'와 같은 3자 성어도 있으며, 8~9자의 긴 것도 있다. 또한 각 성분은 대칭 위주로 되어 있고 평측, 첩운,

8

첩용 등의 형식을 지니고 있다. 또한 일반적으로 출처가 있으며, 글자 뜻으로 이해가 되는 것도 있지만 그 유래나 전고典故를 알아야만 이해할 수 있는 것도 있다. 예를 들면 '조삼모사'나 '지록위마'등이 그것이다.

우언·신화·역사 고사성어

중국의 고사성어는 그 수가 헤아릴 수 없을 정도로 많다. 우리나라에서 자주 쓰이는 고사성어가 있는가 하면, 어떤 고사성어들은 중국에서만 자주 쓰인다. 중국에서는 이 수많은 고사성어를 일반적으로 우언寓言 고사성어·신화 고사성어·역사 고사성어로 분류한다.

우언 고사성어로는 '수주대토', '각구주검', '엄이도령', '화사첨족' 등이 있고, 신화 고사성어로는 '여와보천', '대우치수', '항아분월' 등이 있다.

역사 고사성어의 숫자가 가장 많고, 또 여기에는 그 이야기에 얽힌 인물이 있다. 우리에게 잘 알려진 역사 고사성어로 예를 들면 다음과 같은 것들이 있다(괄호 속에 들어 있는 것은 그 이야기에 얽힌 인물이다).

지록위마(조고), 배수일전(한신) 철면무사(포청천), 불치하문(공자), 구우일모(사마천), 완벽귀조(인상여), 분서갱유(진시황), 일자천금(여불위), 와신상담(구천), 삼고초려(유비), 사면초가(항우) 등이 있다.

고사성어와 중국 문화

고사성어는 중국 문화를 반영하고 있어 다각도로 연구해 볼 수 있다. 중국 문화는 사람과 자연, 사람과 사회, 사람과 사람과의 관계라는 세 개의 기본적인 내용을 담고 있다. 문화 현상에 대한 깊이 있는 고찰은 언어 연구와 밀접한 관계가 있다. 바꾸어 말하면 언어 연구는 곧 문화 함의의 발굴 탐색과 불가분의 관계에 있다는 것이다.

문화적 각도에서 언어를 배울 수도 있고, 언어를 통하여 문화를 배울 수도 있다. 또한 정신문화와 물질문화 두 가지

측면에서 성어 속의 문화적 함의를 살펴볼 수도 있다.

1. 고사성어는 정신문화를 반영한다.

정신문화 속에는 중국 민족이 장기간의 역사 발전 과정 속에서 점진적으로 형성해 온 사유 방식과 가치 관념, 제도 문화도 포함된다.

유가 사상은 몇천 년간의 봉건사회 속에서 줄곧 통치적 지위를 점하였다. 그래서 성어 중에 유가 사상에 기초를 둔 것이 많이 있다. 많은 성어가 유가적 문화 속에서 사람의 품격 수양과 윤리 원칙을 강조하고 있다. 예컨대 '자강불식', '견의용위' 등이 그것이다.

도교와 불교 학설도 중국 문화의 중요한 구성 요소다. '청정무위', '화복상생' 등은 도가의 출가 사상과 독특한 철학 사변을 반영하고 있다. '백척간두', '설상가상', '단도직입' 등은 불교 교리와 이론의 표현 방식이다.

각종 제도, 즉 혼인 제도, 교육 제도, 법률 제도 및 풍속, 미신, 금기 등과 관련된 성어도 많다. '발분망식', '위편삼절', '정문입설' 같은 학문을 강조하는 고사성어도 아주 많다.

고사성어는 또 중국의 문학, 회화, 음악, 무용, 희곡, 서예 등 예술 형식도 반영하고 있다.

2. 고사성어는 물질문화를 반영한다.

물질문화는 정신문화와 비교할 때 비교적 구체적이며 직관적이다. 정신문화가 심층적이라면 물질문화는 표층 문화다. 수많은 고사성어가 직접 중국인의 생활 방식과 생활 내용을 반영하고 있다. 음식과 관련된 '단사표음', 의복과 관련된 '죽장망혜', '형차포군', 견고한 성벽을 나타내는 '금성탕지'와 같은 것들이 그것이다. 또 중국인의 생활 주변에서 자주 볼 수 있는 식물들인 소나무·매화·버드나무·난초·연꽃 등과 관련된 성어도 많은데, 그중에서도 특히 대나무와 관련된 것이 많다. 대나무는 중국인들의 의식주에서 아주 중요하기 때문이다. '우후죽순', '파죽지세' 같은 것이 바로 그것이다. '묘수회춘', '병입고황' 같은 중의학과 관련된 것도 있다.

동물을 소재로 한 성어도 아주 많다. 어떤 동물들은 상징성을 나타내는데, 중화 문화 속의 용과 봉황, 기린은 아주 신기한 동물 형상이었다. 이것들은 고귀함, 권위를 나타내므로 사람들에 의해 무척 존중되어 왔다. 성어 속의 다른 동물들의 상징 역시 중국 문화의 풍부한 내용을 나타낸다. 예를 들면 거북이나 학은 장수를 나타내고, 호랑이나 표범은 용맹을 나타내며, 이리나 승냥이는 독하고 욕심 많은 것을 나타낸다. 또한 여우나 토끼, 개나 말 등이 들어간 성어도 종종 일종의 함의를 나타내는데, 포폄이 제각기 다르다.

성어는 또한 독특한 산천·정원·교통·기후 등 각 방면의 특색도 지니고 있다. 이리하여 지리적 명칭을 지닌 성어들도 있다. 그래서 성어를 익히게 되면 또한 중국의 지리도 자연히 알게 된다. 예를 들면 '낙양지가', '경위분명',

'오우천월', '여산진면목' 등이 그것이다. 이처럼 고사성어는 중국인의 일상생활과 불가분의 관계에 있다.

길게는 수천 년, 짧게는 수백 년 전에 만들어진 고사성어가 시공간을 뛰어넘어 아직도 쓰이고 있는 것을 보면 언어의 생명력에 숙연함을 느끼게 된다. 고사성어를 통하여 우리는 중국 문화와 중국인의 심성을 더욱 잘 이해할 수 있고, 또 그것에 의해 우리의 언어생활도 풍부해질 것이다.

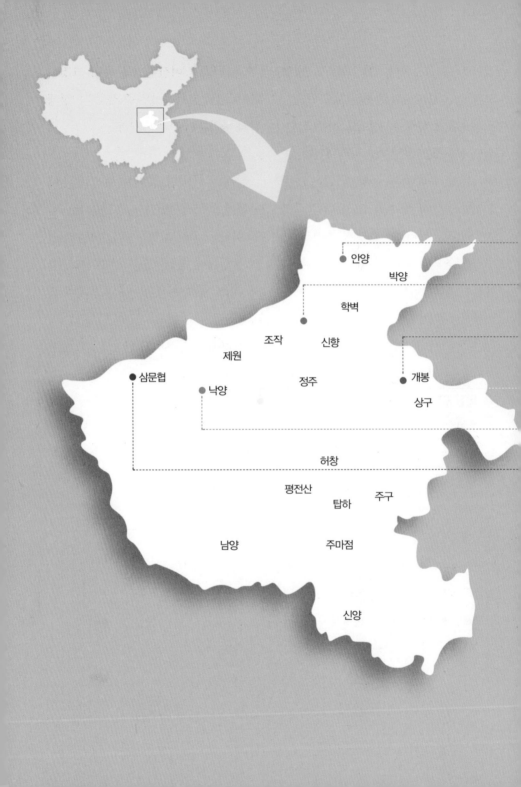

하남성에서
발생한 고사성어

하남성 — 코끼리가 살았던 곳

하남성은 황하 이남에 위치하고 있기 때문에 '황하의 남쪽'이라는 의미에서 하남성으로 불리게 되었다. 이곳은 예로부터 중국 사람이 중국의 중심부로 여기며 중원中原 또는 중주中州로 부르던 곳이다. 또한 예豫라고도 부르는데, 이 글자는 사람(子)과 코끼리(象)를 형상화한 글자다. 즉 한 사람이 양손으로 코끼리 두 마리를 끌고 가는 모습이다. 고대에는 하남성의 기후가 습하고 더워서 코끼리가 많았다. 고대인들이 코끼리들을 밀어내고 이곳에 터전을 잡고 자신들의 문명을 만들어 냈으니, 이것이 바로 인류의 4대 문명의 하나인 황하문명이고 이를 상징적으로 표현한 것이 하남성박물원이다. 하남성박물원 로비에 들어서면 정면에서 커다란 황금색 조각상을 보게 되는데, 이것이 바로 이런 역사적 진전을 설명해 주고 있다. 그래서 하남성을 예라고 부르며 하남성의 자동차 번호는 '예××××'로 되어 있다. 하북성의 자동차 번호는 기冀로 시작되고, 산서성은 진晉으로, 산동성은 노魯로 시작되는 것은 모두 이것들이 이들 지역의 옛 이름이기 때문이다.

하남성은 동쪽으로는 산동·안휘, 북쪽으로는 하북·산서, 서쪽으로는 섬서, 남쪽으로는 호북 등 여섯 개의 성과 인접해 있다.

중국 문명의 발상지

"세계를 지배하려면 중국을 지배하고, 중국을 지배하려면 중원을 지배하라"는

河南省

말이 있는데, 하남 사람들은 이곳이 중국의 중심지라는 사실에 커다란 자부심을 갖고 있다. 그러나 지금은 중국에서 가장 못사는 곳 중 하나가 되었다. 하남성은 중국에서 인구가 가장 많아 그 숫자가 9800만 명에 이르지만 생활 자립도는 무척 낮다. 그래서 이곳 출신들은 다른 지역으로 나가 직업을 구하는데, 지역 차별이 심하다. 중국인을 만나면 "절대 하남 사람을 믿어서는 안 된다"는 슬픈 충고를 듣게 된다. 외국인에게까지 이런 말을 하는 것을 보면 하남 사람들이 얼마나 중국인들에게 멸시와 냉대를 받는지를 알 수 있다. 그러나 우리가 만난 하남 사람들은 너무나 순진하고 착한 사람들이었다. 인구가 가장 많고 전형적인 농촌 지역이 많다는 점에서 하남성은 중국의 축소판이라고 해도 과언이 아니며, 현재는 활발하게 개발이 이루어지고 있다. 이 점이 오히려 옛 문화를 사랑하는 사람들에게는 아쉬움으로 남는다.

중국인들이 멸시하는 하남 사람들의 선조들은 이 지역에 중국인들이 세계에 자랑하는 문화를 꽃피웠다. 즉 신석기시대의 배리강裴李崗문화, 앙소仰韶문화, 용산龍山문화가 그것이다. 이 밖에도 하남성에는 중국의 첫 번째 왕조인 하나라와 그 뒤를 이은 은나라, 주나라에서 송, 금에 이르기까지 20여 개 왕조들의 도읍지가 있었다. 그래서 도읍지였던 정주鄭州 · 안양安陽 · 낙양洛陽 · 개봉開封 지역에는 수많은 역사 문물이 산재해 있다. 여러 왕조들의 도읍지였던 유서 깊은 지역들에는 셀 수

없이 많은 역사 문물이 존재한다. 그래서 중국의 역사학자들은 하남성을 '중국 역사박물관'이라고 한다. 이런 호칭에 알맞게 하남에는 하남박물원·정주박물관·은허박물원·낙양박물관 등 중국의 주요 박물관은 물론, 춘추시대 최대의 거마갱이 있는 괵국박물관 등을 포함해 그 이외의 크고 작은 박물관과 유적지 들이 곳곳에 산재해 있다.

한편 하남성은 역사적으로 전쟁과 재해가 집중되었던 곳이기도 하다. 왕조가 교체되는 과정 중에 수많은 하남인이 전란을 피해 타향으로 떠나 개척을 하며 중화문명을 퍼뜨렸다.

하남성의 유적지와 명인들

하남에는 중국인들이 시조로 여기는 황제黃帝의 고향도 있고, 심지어는 천지개벽의 신 반고盤古의 유적지가 있는 비양泌陽과 동백桐柏, 세계에 자랑할 만한 은허박물원, 용문석굴 등이 있으며, 우리에게 익숙한 소림사도 이곳에 있다. 또한 중국 태극권의 발원지인 온현溫縣, 화목란(花木蘭 : 일반적으로 뮬란으로 알려짐)의 고향인 우성虞城, 대우大禹의 유적지 등봉登封, 하우 문화와 도자기 문화가 꽃피웠던 우주禹州, 가슴 저리도록 슬픈 양산백과 축영대의 이야기가 있는 여남汝南, 삼황의 고향이라고 하는 주구周口, 누조嫘祖의 고향이며 야철 문화의 본향인 서평西平 등이 있다.

16

河南省

하남은 역사적 인물도 많이 배출하였는데, 노자·장자·상앙商鞅·여불위呂不韋·두보·한유·백거이·악비岳飛 등 수많은 역대 명인이 있다. 근현대의 인물로는 정치가 원세개袁世凱, 철학자 풍우란馮友蘭, 역사학자 백수이白壽彝 등이 이곳 출신이다.

중국의 고고학자 소병기蘇秉琦는 "100년의 중국을 보려면 상해로 가라. 1천 년의 중국을 보려면 북경으로 가라. 2천 년의 중국을 보려면 서안으로 가라. 5천 년의 중국을 보려면 탁록으로 가라"고 말한다. 이 말에 "3천 년의 중국을 보려면 하남으로 가라"고 덧붙이고 싶다. 이처럼 오래된 지역이기 때문에 이곳에서 우리가 익히 알고 있는 고사성어들이 많이 발생하였다. 중국에서 가장 많은 고사성어가 발생한 지역일 것이다.

은허에서 듣는 망국의 노래
─맥수지가

麥秀之歌

보리 이삭이 무성함을 노래한다는 뜻으로 고국의 멸망함을 한탄함.

麥 : 보리　맥
秀 : 빼어날　수
之 : 갈　지
歌 : 노래　가

넓디넓은 평원에 보리밭이 끝없이 펼쳐져 있고, 기분 좋은 초여름의 훈풍은 막 익어 가는 보리 향기를 가득 담고 있었다. 보리밭 너머로 유유히 흐르는 원강洹江이 잔물결을 일으키며 초여름의 햇빛을 받아 마치 은빛 갈치와도 같이 반짝이는 풍경이 한 폭의 그림 같았다. 이 아름다운 풍경을 바라보는 백발 노인의 눈가에 원강의 물결과 같은 은빛 눈물이 흐르고 있었다. 노인은 길게 탄식을 하곤 노래 한 수를 읊었다.

보리는 점점 자라 이삭이 패고
곡식들은 기름기가 흐르네.
저 포악한 주왕紂王은

나와 화목하지 못하였다네.

—《사기 · 송미자세가》에서

보리 이삭이 너울대는 광경을 보면서 망국의 한을 노래한 사람은 바로 은 왕실의 주왕의 숙부 기자箕子였다. 기자는 주왕의 폭정에 불만을 품고 짐짓 미치광이가 되어 노예들 속에 섞여 살았는데, 주왕은 이런 숙부를 감옥에 가두라고 명하였다. 또 다른 숙부인 미자微子 역시 주왕을 간하다가 말을 듣지 않자 왕실에서 나와 민간에 은거하였다. 주왕의 잔혹한 폭정 아래서 은나라는 날로 쇠약해져 갔고, 결국은 주周나라의 무왕武王에 의해 멸망당하였다. 번화하고 아름답던 은나라의 수도는 전란 속에서 폐허가 되었다. 후에 주나라 백성들이 폐허가 된 이곳에 농작물을 심으니, 은나라의 수도는 점점 비옥한 농지로 변하였고, 과거의 휘황찬란하던 모습은 점차 사람들의 뇌리에서 사라지게 되었다. 그리고 진한秦漢시대에는 겨우 '은허殷墟'라는 이름만 남게 되었다.

모든 사람들이 은나라의 수도를 잊었다 하더라도 결코 이곳을 잊을 수 없는 사람이 있었으니 바로 기자다. 주의 무왕이 은나라를 멸망시킨 뒤 기자는 그를 위해 일하였다. 그러다가 몇 년 뒤에 나이가 든 기자가 이곳을 지나가게 되었다.

그러나 누가 생각이나 하였으랴? 세월이 화살같이 지나가, 자신이 뛰놀던 궁궐과 거리에 즐비하던 가게와 번화하던 거리가 흔적도 없이 사라지고 오로지 푸르른 보리밭만이 눈앞에 펼쳐진 광경을!

그리하여 그는 보리 이삭(麥秀 : 빼어날 수秀 자는 본래 보리 이삭이 쏙 빼어난 형상의 글자다. 그리하여 지금은 빼어나다, 뛰어나다는 뜻으로 확대 사용되고 있다)을 보고 비감한 나머지 위와 같은 노래를 불렀던 것이다. '맥수지가'는 '고국의 멸망함을 한탄함'이라는 뜻으로 쓰이고, 비슷한 것으로는 '맥수지탄麥秀之嘆'이 있다.

이름만으로도 처연함이 느껴지는 은허

은허가 있는 안양安陽은 하남성의 맨 북쪽에 있는, 3천여 년의 역사를 지닌 문화도시다. 상商나라(은나라) 때 처음에는 '상相'으로 불리다가 후에 '은殷'으로 칭해졌다. 상나라 후기 기원전 1378년에 20대 왕 반경盤庚이 이곳 은으로 천도한 후 멸망할 때까지 273년간 그 나라의 도읍지였다. 전국戰國 말기에 처음으로 안양으로 불리고, 진시황이 6국을 통일한 뒤 안양현이 설치되었다. 동한 말년에 조조의 위나라, 16국시대 때 조나라, 전연前燕, 염위冉魏, 동위東魏, 남북조시대 때 북제北齊가 수도 업鄴으로 정하였는데, 그 기간을 모

은허박물원 정문

두 합하면 399년이다. 1913년에 안양현으로 칭해지다가 1949년에 안양시로 승격하였다. 안양시에는 고적과 유물이 매우 많으며, 은허에서 갑골문과 청동기 등 중국의 귀중한 문화유산들이 발굴되었다.

　은허는 안양시 시내에서 서북쪽으로 2천 미터 떨어진 곳에 있다. 총면적이 2만 8천 평방미터에 이른다. 주나라가 은을 멸한 후 왕도가 폐허로 변하였기 때문에 '은허'라고 부른다. 즉 은상殷商 왕조의 고도古都 유적지이다. 소둔촌小屯村을 중심으로 한 이 유적지의 궁궐터에서 갑골문이 출토되었다. 주위에는 백성들이 살던 곳, 수공업 작업장과 무덤들이 있다.

은허의 발굴은 우연한 일로 이루어지게 되었는데, 19세기 말엽에 안양에서 서북쪽으로 5리 정도 떨어진 지점에 있는 소둔촌에서는 농부들이 밭을 갈면 늘 뼛조각인 골편骨片이 나왔다. 어느 때는 청동기도 나오고, 옥기玉器도 나오고, 또 어느 때는 토기도 나왔다. 사람들은 청동기나 옥기는 돈이 될 것 같으면 골동품상한테 팔았지만, 이 뼛조각들은 어떻게 처리해야 될지 몰랐다. 특히 밭을 갈다가 커다란 뼛조각이 나오면 오히려 귀찮기만 하고 농작에 방해만 될 뿐이었다. 그래서 농부들은 이것들을 주워다가 밭 구석에 쌓아 두거나 버리거나 하였다. 그러다가 어느 사이에 이것이 한 약재상에서 '용골龍骨'이라고 하여 한약 재료가 되었다. 당시 사람들은 용골을 만병통치약이라고 믿었고, 약방에서는 아주 싼 값으로, 즉 한 근에 여섯 푼을 받고 팔았다. 이렇게 팔려 나간 많은 용골이 사람들의 뱃속으로 들어가게 되었는데, 실은 이 용골은 바로 저 유명한 '갑골문'이었다. 갑골문은 중국의 최초 문자다.

갑골문의 발견

이 갑골문을 처음 발견한 사람은 왕의영王懿榮으로 알려져 있는데, 여기에는 재미있는 일화가 있다. 1899년에 청나라 말기 국자감의 좨주祭酒였던 왕의영이 학질에 걸려 온갖

약을 다 써 보았으나 차도가 없었다. 어느 날 북경의 한의사가 보내온 처방에 '용골'이라는 약재가 쓰여 있는 것을 보고 사람을 시켜 사 오게 했다. 그런데 그 '용골' 위에 자신이 그동안 청동기에서 많이 보았던 글씨 비슷한 것들이 새겨져 있는 것이 아닌가? 연구해 본 결과 그것이 바로 은 왕실의 점복을 기록한 문자 갑골문이라는 것을 알아냈다고 한다.

그러나 이것은 그냥 전해져 오는 이야기이고, 실은 안양에서 출토된 은대 복골卜骨과 귀갑龜甲 등을 골동품 상인이 북경으로 가져왔고, 이것을 본 왕의영이 은 왕조 시대의 물건이라 추정하여 1천여 점을 사들였다고 한다. 물론 위에서 말한 것처럼 그 당시 갑골 조각들이 약재상들에 의해 용골로 오인되어 약재로 팔리곤 했던 것은 사실이지만 학질과는 관계가 없고, 왕의영 자신도 맨 처음 갑골을 얻은 것은 골동품 상인에게서였다고 말한 바 있다.

아무려나 왕의영은 1천여 점의 갑골을 구했고, 평소 옛 문자, 특히 청동기 문자에 조예가 깊었던 그는 바로 연구에 착수했지만 그때 8개국 연합군이 북경을 공격하였고, 청나라의 망해 가는 모습을 본 왕의영은 우물에 몸을 던져 자살하고 말았다. 그러나 다행히 왕의영과 교분이 있던 《노잔유기老殘游記》의 저자인 유악劉顎이 그 갑골 대부분을 사들이고 자신이 갖고 있던 3천여 점의 갑골 자료를 바탕으로 정리, 분류하여 1058개의 탁본을 뜨고, 중국 최초의 갑골문 서적 《철운장구鐵雲藏龜》를 출판하였다(1903). 철운은 바로 유악의 자字다.

그러나 갑골이 어디에서 출토되었는지는 오래도록 밝혀지지 않았다. 그것은 골동품 상인들이 자신들의 돈벌이를 위하여 이것을 숨겼기 때문이다. 그래서 왕의영도 죽을 때까지 출토지를 몰랐다고 한다. 골동품 상인들이 숨기고 있던 그 장소를 세상에 알린 것은 금석학자 나진옥羅振玉이었다. 나진옥은 한때 유악의 집에서 가정교사로 일한 적이 있었고, 이후 유악과는 사돈지간이 되었다. 이러한 인연으로 나진옥은 1902년 어느 날 유악의 집에서 갑골을 구경하게 되었고, 그 탁본집을 출판하도록 권하여 출판된 것이 앞에서 말한 《철운장구》다.

1908년에 나진옥은 갑골문이 출토된 지역이 하남 안

은대 수렵 갑골문
하남성 안양에서 출토된 제사와 수렵에 관한 내용이 담긴 붉은 칠 우골각사로, 은왕 무정 시기에 소견갑골에 기록된 각사다. 골편이 거대하고 완전하며 앞과 뒤 양면에 도합 160여 글자를 새겨 넣었다. "구름이 동쪽에서 오고, 무지개는 북쪽에 있다"는 기록 외에도 은왕이 조직했던 대규모 수렵 활동을 기록하고 있어 은대 사회생활에 관한 중요한 자료가 된다.

양의 소둔촌이라는 것을 알게 되었고, 또한 이것이 은나라의 유물임을 확인하고는 연구를 거듭하여 《은상정복문자고殷商貞卜文字考》라는 책을 썼다. 뒤를 이어 그의 제자인 왕국유王國維가 스승의 연구를 바탕으로 하여 1917년 2월에 《은대 점복문자를 통해 본 선공 · 선왕들에 대한 고찰》이라는 책을 출간하게 되었는데, 이것은 중국 역사학의 기념비적인 저서다. 이 책에서 왕국유는 은나라의 왕 13명의 이름과 은 왕실의 계보를 입증하고 은 왕조의 역사적 체계를 세웠다. 위에서 언급한 나진옥, 왕국유와 동작빈董作賓, 곽말약郭沫若, 이 네 사람이 갑골문 연구에 공이 큰 학자로 '갑골 4대가'라고 한다. 그리고 이 네 학자의 호가 각각 설당雪堂, 관당觀堂, 언당彦堂, 정당鼎堂이어서 '사당四堂'이라 부르기도 한다.

용의 뼈로 오해되어 약재 가루가 되어 사람들의 뱃속으로 들어가던 갑골문들이 이렇게 우연한 기회를 통해 중국의 역사를 밝혀 주는 귀중하고 값진 자료가 되었다. 그 후에도 수많은 학자가 갑골문 연구를 해 오고 있지만, 특히 위의 '4당'의 연구에 존경심을 표하고 싶다.

은허박물원

1987년에 원강 기슭에 은허박물원이 세워졌다. 여기서

'관館'이 아닌 '원苑'자를 쓴 것은 박물관처럼 실내에만 유물이 있는 것이 아니라 정원이나 뜰에도 유물이 있기 때문이다. 중국에서는 가장 규모가 큰 박물관은 '박물원博物院'이라 하고, 그보다 규모가 작은 박물관은 그냥 '박물관', 정원도 있으면 '박물원博物苑'이라 부른다고 한다.

굽이굽이 흐르는 원강 가에 세워진 이 은허박물원은 갑골문의 '門(문)'자 형태를 본떴으며, 은나라 때의 문양이 조각된 나무 기둥과 대들보를 사용해 지었다. 건물들은 유명한 고건축가의 설계에 따라 원래의 유적지 형태를 복원하듯이 지어졌다. 은허박물원은 은허 궁전 지역, 거마갱車馬坑, 갑골문, 청동기, 부호묘婦好墓 등으로 구획되었다.

부호묘 안의 모습

은허박물원 안의
부호 조각상

그중 중국 최초의 여장군이었던 부호의 묘는 1928년에 은허 궁전 종묘 구역 내에서 발굴된 가장 중요한 곳이다. 이 묘는 길이 5.6미터, 동서 너비 4미터, 깊이 7.5미터이고, 묘실 안에서 순장자 16명과 1928점의 아름다운 수장품이 발굴되었다. 그중 청동기는 468점, 옥기는 755점, 골기는 564점, 석기는 63점, 도기는 11점, 상아 제품은 5점이며, 그 외에 수많은 조가비도 나왔다. 수장품의 수량이 많을 뿐만 아니라 그 아름다움 또한 일류 수준급이었다. 이는 은나라의 고도로 발달한 수공업 제작 능력을 보여 주고 있다. 이 묘에서 발굴된 청동기에 '부호'라는 명문이 있어, 고고학자들은 이 묘의 주인을 은나라 왕 무정武丁의 배필이었던 부호로 보고 있다. 부호묘는 현재 유일하게 갑골문으로 연대와 묘 주인 및 그 신분을 알 수 있는 묘다.

은허에 서 있으면 세월의 무상함, 인생의 무상함이 느껴지면서 착잡한 마음이 든다. 모든 것은 변하고 영원한 것은 없다. 그 옛날부터 지금까지의 역사를 다 안은 채 묵묵히 원강만이 흐르고 있을 뿐이다. 무심히 흐르는 원강을 바라보다 보니 시 한 수가 떠올랐다.

흘러가는 강물은 쉼 없이 흐르건만
그래도 본래의 그 물은 아니어라.
웅덩이에 떠도는 물거품은
부서졌다가 다시 맺어지며
오래도록 머무는 법이 없어라.
이 세상에 사는 사람과 처소도
또한 이와 같을진저.

은허 곁에서 무심히
흐르는 원강

行く川の流れは絶えずして
しかももとの水にあらず.
淀みに浮かぶ泡沫は
かつ消えかつ結びて
久しくとどまりたる例なし.
世の中にある人と棲みかと
また斯の如し.
　　　—가모노 조메이의 〈방장기方丈記〉 첫머리 중에서

은나라의 잔혹한 형벌
—포락지형

炮烙之刑

불에 달군 쇠로 단근질하는 형벌로 은(殷)나라 주왕紂王 때의 잔인한 사형 방법을 이르는 말.

炮 : 통째로 구울 포
烙 : 지질 락
之 : 갈 지
　　여기서는 '~의' 의 뜻임
刑 : 형벌 형

　　은허박물원 뜰에는 수많은 해골이 묻힌 무덤들이 있는데, 유리를 위에 씌워서 사람들이 볼 수 있게 만들어져 있다. 무덤 안에는 목이 없는 것, 다리가 분질러진 것, 손가락이 잘린 것, 앉아 있는 것, 누워 있는 것 등 여러 종류가 있다. 당시 이들은 노예로 제사의 희생물이거나 순장된 사람들이겠지만, 그 잔혹함에 몸서리가 쳐질 정도다.

　　이것을 보면서 은나라를 멸망으로 몰고 간 마지막 왕 주왕紂王의 애첩 달기妲己가 포락지형을 즐기면서 깔깔거리는 웃음소리가 들리는 듯한 환청을 느꼈다.

　　폭군 주왕은 주색에 빠진 채 정원과 사냥터를 확장하고, 녹대鹿臺에서 미인 달기를 껴안고 술과 음악을 즐겼다. 그리곤 달기의 웃음소리에 취하여 포락지형이라는 형벌을 행하

며 이를 보고 즐겼으니,
로마 제국의 네로와 같은
폭군과 비교될 수 있다.

주왕을 망국의 왕으로
만든 일등공신(?)인 달기
는 본래 유소국有蘇國 왕
유소씨의 딸로, 주왕이 유
소국을 정벌하였을 때 유
소씨가 헌상하였다. 달기
는 미모가 출중하고 총명
하여 곧 주왕의 마음을 사
로잡았다. 《사기 · 은본기》
와 《열녀전列女傳 · 은주달

▲ 은허박물원의 유리 무덤
▼ 은허박물원의 유리 무덤
　속의 인골

기편殷紂妲己篇》에도 이 같은 사실이 기록되어 있다. 주왕은
술과 음악을 즐기면서 달기의 곁을 떠나지 않고, 달기의 말
이라면 시시비비를 가리지 않고 따랐다고 한다.

소름 끼치는 형벌들

주왕은 몹시 잔혹하여 가혹한 형법을 제정하고, 보기만
하여도 소름이 끼치는 많은 형틀을 만들어 내었다. '포락지
형'이라는 형벌은 둥근 청동 기둥에 기름을 발라 불구덩이

위에 걸쳐 놓고 아래에서 나무를 태워 청동 기둥을 시뻘겋게 달군 후에 맨발로 그 청동 기둥 위를 건너도록 하는 형벌이다. 형을 받는 자가 뜨거움을 참지 못하거나 미끄러워 발을 헛디디기만 하면 곧장 불길이 타오르는 불구덩이 속에 떨어져 죽게 되는 참혹한 형벌이다. 또 해형醢刑이라는 형벌은 사람을 죽여 젓을 담그는 것이고, 포형脯刑이라는 형벌은 사람을 죽이고 조각낸 후에 말려서 육포로 만드는 형벌이다. 이러한 잔학한 형벌을 보다 못해 당시 제후인 매백梅伯이 주왕에게 '포락' 같은 잔혹한 형벌을 폐할 것을 간하였다. 그러자 주왕은 대로하여 그를 죽이고 토막 내어 젓을 담근 뒤에 다른 제후들에게 그것을 먹을 것을 강요하며 일벌백계로 다스렸다.

조정 대신인 구후九侯의 딸은 주왕의 왕비였지만 주왕의 무도함을 싫어했기 때문에 주왕에게 죽임을 당하였고, 그녀의 아버지 구후 역시 해형에 처해졌다. 또 다른 대신인 악후鄂侯가 이 일을 알고는 불만을 참을 수 없어 주왕을 찾아가 언쟁을 벌였다. 주왕은 화가 나서 악후를 포형에 처해 사람 육포를 만들었다. 서백西伯 희창姬昌은 이러한 일들을 알게 된 뒤에 몰래 혼자서 탄식하였는데, 어떤 자가 이를 주왕에게 고자질하자 주왕은 희창을 감옥에 가두고, 게다가 그의 아들을 죽인 후 국을 끓여 그에게 먹이게 하였다.

주왕의 음란함과 악랄함이 날이
갈수록 심해지자 그의 숙부 미자微
子는 국가가 멸망하는 것을 좌시할
수 없어 주왕에게 간곡히 권했으나,
주왕이 귓전으로도 들으려 하지 않
아 할 수 없이 왕실에서 도망 나와
민간에 은둔하였다. 주왕의 또 다른
숙부인 기자箕子는 주왕의 폭정에
일찍이 불만을 품고 짐짓 미치광이
가 되어 노예들 속에 섞여 살았는
데, 주왕이 이를 발견하고는 그를
감옥에 가두게 하였다. 주왕의 숙부
인 비간比干은 미자가 은둔하고 기

자가 거짓으로 미쳐 노예가 되는 것을 목도하자 몹시 가슴
이 아팠다. 그리하여 사흘 밤 사흘 낮을 울면서 포락 같은
잔혹한 형벌을 폐할 것을 주왕에게 간하였다. 이것을 알게
된 달기가 주왕에게, "제가 듣기에 성인의 마음에는 칠규(七
竅 : 눈·귀·코·입의 일곱 개의 구멍)가 있다고 하는데 비간은
성인의 명성을 듣고 있으니, 저는 비간의 마음이 정말 이런
지 보고 싶습니다" 하고 속삭였다. 그러자 주왕은 명령을
내려 비간을 죽이고 가슴과 배를 열고는 그의 심장을 보았

▲ 비간의 사당
하남성 위휘성衛輝城 북쪽
7.5킬로미터 지점에 있다.
비간은 상대 말의 대신으
로 주왕의 숙부였는데 강
력하게 주왕을 간하다가
주왕에게 심장을 해부당
하고 죽었다.

▼ 주 문왕이
《주역》을 엮었다는 연역방
중국 최초의 국가 감옥 중
하나. 주 문왕이 이곳에 7
년간 감금되어 있을 때 《주
역》을 엮었다고 한다. 하남
성 탕음 유리성에 있다.

다. 이러한 정황에 대해 사마천의 《사기 · 예서》에서도 "주왕은 비간을 해부하고 기자를 감옥에 가두고 포락형을 행하였다〔紂剖比干, 囚箕子, 爲炮烙刑〕"고 기록하고 있다. 조정의 몇몇 대신은 주왕의 이러한 잔혹함을 보고는 날로 강성해져 가는 주周나라로 분분히 달아나 버렸다. 아들을 죽여 끓인 국을 먹었던 주 문왕 희창은 천신만고 끝에 국력을 회복하였고, 그의 아들 무왕이 즉위한 후 민심이 은 왕조에서 떠난 것을 보고 출병을 결심하였다. 기원전 1046년, 그는 3백 승의 병거와 3천 명의 용맹한 무사와 4만 5천 명의 갑사를 거느리고 각 부락과 소국의 지원부대와 회합한 뒤 위풍당당하게 맹진孟津에서 은 왕조의 수도인 조가(朝歌 : 은허)로 진격하여 갔다. 가는 도중 거의 어떠한 저항도 받지 않으며, 조가에서 남쪽으로 약 30킬로미터 떨어진 목야(牧野 : 지금의 하남성 위휘衛輝 북쪽)에 이르렀다.

목야의 전투

목야에서 주 무왕은 정식으로 주왕을 벌하겠다는 깃발을 내걸고, 출정하기 전에 장병들과 군중들에게 훈계하고 맹세하였다. 그는 주왕의 부패하고 잔학하고 흉포한 여러 가지 죄악을 일일이 열거하고는 모두 용감하게 전쟁에 임하라고 격려하였다. 훈계와 맹세가 끝나자 곧 깃발을 휘날리

목야전투(상상도)

며 병거를 앞세우고 은나라의 군대를 공격하였다. 이때 주
왕은 마침 총애하는 달기와 신하들을 거느리고 녹대 위에
서 가무와 음주에 빠져 있다가 일을 당하게 되었다. 이에
주왕이 다급하게 수많은 노예와 포로들로 군대를 편성하도
록 명령하니 약 70만 명(일설에는 17만이라고도 함)이 되었다.
이들을 거느리고 목야 전선으로 가서 주나라 군대의 진공
에 저항하였다. 이것이 바로 그 유명한 목야의 전쟁이고,
그 상황이 얼마나 비참했던지 "절구공이가 피에 떠다닐 정
도"였다고 한다.

주왕이 급히 충원하여 조직한 은나라의 군대는 비록 숫자
는 많았지만, 대부분 노예로서 평소에 주왕을 몹시 원망하
고 있었기 때문에 아무도 주왕을 위하여 목숨을 버리려고
하지 않았다. 그래서 사기 충천한 무왕의 군대와 한번 만나
기만 하면 은나라의 사병들은 저항은커녕 오히려 무왕의 군

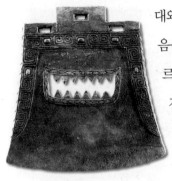

운뢰문월雲雷紋鉞

상대 후기 병기로 전체 높
이는 36.8cm다. 직내直內
식으로, 날이 위치한 원援
부분은 사각형이며, 활 모
양의 넓은 날이 있는데 양
쪽 모서리가 밖으로 퍼져
있다. 손잡이 쪽인 난闌 부
분에는 대칭을 이루는 장
방형 구멍이 두 개 뚫려
있다. 원 부분의 가장자리
에는 운뢰 문양이 두 쌍으
로 장식되어 있으며, 중앙
에는 이빨 모양의 구멍이
투각되어 있다.

대와 함께 주왕을 공격하였다. 주왕은 대세가 이미 기울었
음을 간파하고는 재빨리 조가성으로 퇴각했는데, 그를 따
르는 자는 고작 백여 명에 불과하였다. 주왕은 자신의 마
지막 날이 온 것을 깨닫고는 보옥의寶玉衣를 입고 녹대
위에서 한 상 멋지게 차려 먹은 뒤 사람들에게 녹대 아
래에 불을 놓아 자신을 태워 죽이게 하였다. 이것이
그 자신이 선택한 최후의 멋진 죽음이었을까?

무왕은 마차를 몰아 불타고 있는 녹대에 이르러 타고 있
는 주왕의 시체에 화살 세 발을 날리고, 또 검으로 몇 군데
를 찌르고, 마지막으로 청동 도끼로 주왕의 머리를 치고는
깃발 끝에 꽂아 대중들에게 시위하였다. 주 무왕은 주왕과
의 전쟁에서 승리하고 은나라가 이미 멸망했음을 엄숙히 선
포하였다. 무왕은 또한 달기도 붙잡아 목을 친 후에 흰 깃대
위에 매달아 군중에게 보여 주며 '주왕을 망하게 한 것은
달기'임을 알렸다. 그리고 무왕은 각 부락과 소국의 수령들
의 추대를 받아 주 왕조를 건립하고 스스로 천자라 칭하였
다. 그러나 역사는 돌고 도는 것인가? 하夏나라가 망할 때에
는 마지막 왕인 걸왕桀王 곁에 말희妺姬가 있었고, 은나라가
망할 때 주왕의 곁에 달기가 있었으며, 또 이 나라를 멸망시
킨 서주西周의 마지막 왕 유왕幽王의 곁에는 포사褒姒가 있었
으니 말이다.

이 멋진 청동잔에 안 마시고 어쩌랴?

─주지육림

酒池肉林

술이 연못을 이루고 고기가 숲을 이룬다는 뜻으로 호화롭고 사치스런 주연酒宴을 비유하는 말.

酒 : 술　주
池 : 못　지
肉 : 고기　육
林 : 수풀　림

은나라의 마지막 왕인 주왕紂王은 천성이 총명하고 용맹하였지만 자신의 재주만 믿고 남을 깔보았다. 말년에는 주색과 음란한 음악을 좋아하여 정원과 사냥터를 확장하고 미인인 달기를 총애하였으며, 녹대鹿臺를 높이 쌓고 악사들에게 퇴폐적인 음악을 연주하게 하였다. 중국 최초의 왕조인 하나라의 마지막 왕인 걸왕桀王은 망국 군주의 전범을 보여주었는데, 즉 주지육림에 파묻혀 살다가 나라를 망쳤다. 걸왕은 총비 말희妹姬가 비단 찢는 소리가 듣고 싶다고 하자 전국의 비단을 모두 징수하여 비단 찢는 소리를 말희에게 들려주며 밤낮으로 진탕 마시고 먹고 하더니 결국은 은나라의 성탕成湯에게 나라를 잃고 망국의 군주가 되어 버렸다.

그런데 은나라의 마지막 왕인 주왕 역시 바로 그 전철을

밟아 망국의 군주가 되어 버렸다. 사마천의 《사기·은본기》에는 은 주왕 때 "술로 연못을 만들고, 고기를 걸어 숲을 만들었으며, 남녀를 나체로 만들어 서로 쫓아다니도록 하며 밤이 새도록 술을 마셔 대니 백성들의 원망이 높았다〔以酒爲池, 懸肉爲林, 使男女裸相逐其間, 爲長夜之飮, 百姓怨望〕"고 기록하고 있다.

녹대유적지

주왕은 이처럼 산해진미를 쌓아 놓고 미인을 옆에 끼고 진탕 술을 마시다가 나라를 망치게 된 것이다. 그래서 은을 멸망시킨 주周 왕조에서는 은나라 사람들이 술로 인해 나라를 망친 것을 교훈 삼아 이를 몹시 경계하였다. 통치자들은 은 왕조의 국토를 점령한 주나라 사람들도 술을 좋아하는 습관에 물들어 제2의 은 왕조가 되지 않을까 몹시 걱정하였다. 그래서 주나라에서는 금주령을 내렸다. 당시 정권을 장악하고 있던 주공周公 단旦은 또한 〈주고酒誥〉를 지어 주나라 사람들이 술을 탐하는 것을 경계하고 은나라를 본받지 말 것을 권하였다. 이것이 '은나라를 거울로 삼는다'는 뜻을 지닌 '은감股鑑'이다.

찬란한 청동기 문화

주지육림을 떠올릴 때마다 주왕은 어떤 식으로 술을 마셨을까 하고 생각하게 된다. 이렇게 사치를 좋아하는 자가 밋

밋하게 술을 마시지는 않았을 것이다. 그런 연유에서인지는 몰라도 은나라 말기의 청동기에는 유난히 술과 관련된 기물器物이 많다. 술을 담아 두는 술동이, 술을 데우는 그릇, 술을 담아 두었다가 술잔에 따르는 술잔, 입에 직접 대고 마시는 술잔 등 수많은 술과 관련된 청동기물이 있다. 현재 출토된 은대의 청동기들은 모두 각양각색의 모습을 지니고 있어 가히 청동기의 전성기라고 할 만하다.

중국의 청동기는 하대에서 은대, 서주, 춘추전국시대를 거쳐 진한秦漢에 이르기까지 2천 년의 역사를 지니고 있으며, 그 유물들은 대부분 황하와 양자강 중하류 지역에 분포되어 있다. 청동기는 주기酒器·병기·식기·수기水器 등으로 나누어 볼 수 있다.

청동기는 고대에 귀족의 등급을 나타내는 지표인 동시에 사당 안에서 빼놓을 수 없는 물건이었다. 특히 중국의 청동기술은 은대 후기에 최고의 단계에 진입하였다고 할 수 있다. 은대 청동기의 발전은 초기, 중기, 말기의 3기로 나누어 볼 수 있다.

초기는 하남성의 언사偃師 이리두二里頭 유적지에서 출토된 청동기로 대표되는데, 연대로는 대략 성탕成湯 시기에 해당된다. 이 시기의 기물은 그다지 많지 않고 대부분 제사나 연회를 거행할 때 사용되던 예기禮器로 종류가 단조롭고

상아에 기夔를 조각하고 금도금을 한 잔
하남성 안양 은허의 부호 묘에서 출토되었다. 전체적으로 아주 세밀하게 도철문을 조각했으며 터키석을 상감했다. 고대 상아 조각의 걸작품이다.

시준豕尊

바탕의 재질이 얇으며, 주조가 거칠고 문양과 명
문銘文이 없다.

중기는 하남성 정주의 은대 유적지와 호
북성의 황피黃陂 반룡성盤龍城 유적지의 청동기
가 대표적인데, 연대는 대체로 중정中丁의 재위 기간에
서 반경盤庚이 은허 지역으로 천도하기 이전이다. 이때의 예
기 종류로는 세발 달린 솥인 정鼎 · 력鬲(세발 달린 솥의 일종) ·
궤簋 · 고觚 · 작爵 · 가斝 · 유卣 · 뢰罍 · 반盤 등이 있는데, 종
류가 초기에 비해 대대적으로 증가하였지만 바탕의 재질은
일반적으로 여전히 얇으며 단지 단선 무늬만 있다.

말기는 안양 은허의 출토품으로 대표되는데, 연대는 반
경이 은으로 천도하고부터 은 말기까지다. 이 시기에 최고
의 발전 단계에 이른 청동기는 부호묘婦好墓에서 출토된 것
들이 대표적인데, 아주 많은 새로운 기물이 있고, 그릇 모양
역시 풍부하고 다채롭다. 예기는 일반적으로 비교적 중후하
고 문양도 번잡하며, 명문銘文이 출현하기 시작하는데 글자
가 적은 것은 몇 글자뿐이고 대부분 가문의 휘장이나 도상,
인명 혹은 선조의 이름이 있다. 글자가 많은 것은 3, 40여
자나 되는데, 그 내용은 대부분 하사를 받아서 청동기를 주
조하여 이를 전적으로 기념한다는 것이거나 정벌이나 제사
등과 관련된 것이다.

청동기에는 특히 주기가 많은데, 술을 담아 두는 술동이인 방이方彝 · 유卣 · 호壺 · 뢰罍 · 령罍 · 굉觥 · 준尊 등 모두 모양이 다르다. 또한 술을 따르는 작爵, 각角, 술을 뿌리는 가斝, 술을 직접 입에 대고 마시는 고觚와 치觶, 술을 데우는 화盉 등 모양이 다를 뿐만 아니라 그 문양도 각양각색이다. 문양으로는 주로 도철 문양, 기夔 문양, 이무기라고 볼 수 있는 반리蟠螭 문양, 용 문양, 기하학 문양 등이 있다.

은대에 청동기의 조형이 점차 정형화되고 다양한 형태로 발전하였다. 은대 예술가들이 창안한 정鼎 · 준尊 · 고觚 · 작爵 등은 청동기의 고도의 완벽한 미의 조형으로 중국 공예미술사상 확고한 지위를 차지하고 있다. 대표적인 작품으로는 사모무정司母戊鼎 · 사양방정四羊方鼎 · 용호준龍虎尊 · 서준犀尊 · 상준象尊 · 시준豕尊 및 각양각색의 효준鴞尊 등이 있으며, 이것들이 이 시기 미술 창작의 최고 성취를 나타내고 있다. 또한 은대의 청동기 명문과 갑골문자는 중국 서예 예술의 대표작이다.

상준象尊

호남성 예릉에서 출토되었다. 코끼리의 코는 위를 향해 뻗어 있으며, 용 같기도 하고 낙타 같기도 한 형상이다. 굵고 튼튼한 다리와 몸체의 바퀴 무늬는 신비스러움과 힘의 상징이다. 지금으로부터 약 4000년 전에 남방에서는 이미 야생 코끼리를 부렸다는 기록이 있다.

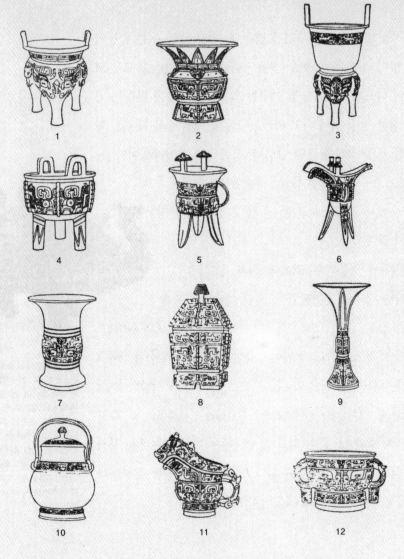

청동기 설명문 (각각 명칭이 다르며 또한 용도도 다르다)

1. 력鬲 : 고기용 솥(일설에는 죽을 끓이거나 담는 그릇이라고도 함)
2. 뢰罍 : 대형, 중형의 술을 담는 술동이
3. 언甗 : 시루, 위에는 찔 것을 담고 아래에는 물을 담아 끓임
4. 정鼎 : 고기용 솥
5. 가斝 : 술을 따르는 그릇(땅에 뿌리거나 조상의 영령에 따름)
6. 작爵 : 술을 따르거나 마시는 잔
7. 준尊 : 대형, 중형의 술을 담는 술동이
8. 방이方彝 : 술을 담는 술동이
9. 고觚 : 술잔
10. 유卣 : 향이 좋은 술만을 담는 주전자
11. 광觥 : 술을 담는 술동이. 대부분 동물 모양임
12. 궤簋 : 밥을 담는 그릇

굶어 죽은 충절지사 백이와 숙제
─채미지가

采薇之歌

고사리 캐는 노래라는 뜻으로 절의지사節義之士의 노래를 이르는 말.

采 : 캘
薇 : 고사리
之 : 갈, ~의
歌 : 노래

채
미
지
가

고사리를 먹다 굶어 죽다니!

이 세상 사람들의 삶이 각양각색인 것처럼 죽음도 각양각색이다. 자신의 고귀한 의지대로 죽음을 맞이하는 사람들은 똑똑히 그들을 기억해 주어야만 그들의 죽음이 헛되지 않을 것이며, 이는 이들에 대한 후인들의 예의라고 생각한다. 은나라 말기에 수양산首陽山에서 고사리를 캐어 먹으며 살다가 굶어 죽은 백이伯夷와 숙제叔齊는 거짓과 술수가 난무하는 시대에 살고 있는 우리가 음미해 볼 가치가 있는 인물들이다.

백이와 숙제는 본래 은나라 시대 고죽군孤竹君의 아들이다.

고죽국의 군왕은 죽기 전에 작은 왕자인 숙제가 왕위를 계승하여 그의 사업을 이어 주기를 유언하였다. 당시의 규범에 의하면 장자 계승이 마땅한 것이었지만 부친의 유언이 있는지라, 백이는 "부친의 유언을 존중하여 군왕의 자리는 숙제가 차지해야만 한다"며 왕위를 포기하고 고죽국을 떠났다. 그래서 백성들이 숙제에게 군왕의 자리를 계승하기를 권하였지만, 숙제 또한 "만일 내가 군왕이 된다면 형에게는 의롭지 못한 것이 되니 예의에 맞지 않습니다" 하고 말하며 고죽국을 떠나 백이와 함께 유랑 생활을 하였다.

이렇게 유랑하는 동안에 은나라 주왕紂王의 폭정이 날로 심해져만 갔다. 백이와 숙제는 북해의 해변에서 살며 동이족 사람들과 생활하였다. 후에 두 사람은 주나라의 문왕이 서방에서 흥기하여 국세가 점차 강성해져 간다는 소리를 듣고 주나라에 가기로 마음먹었다. 그런데 도중에 주 무왕의 대군을 만나게 되었다. 사실 이때 주 문왕이 막 이 세상을 떠나고 그 뒤를 이은 주 무왕이 아버지 원수를 갚기 위해 대군을 이끌고 은나라의 주왕을 토벌하러 가는 중이었다. 당시 무왕과 연합한 제후들의 군대는 맹진孟津에서 회합을 가진 후 사기가 충천하여 보무도 당당히 전진하고 있었다. 이런 상황을 보고 두 사람은 몹시 실망하고는 무왕의 말고삐를 붙잡고 간곡히 간하였다.

"아버지가 돌아가셨는데 장사도 지내지 않고 이렇게 거병을 하다니 이를 효라고 할 수 있겠습니까? 또한 신하의 신분으로 군주를 토벌하다니 이를 인의仁義라고 할 수 있겠습니까?"

당당히 전진하던 군대는 갑자기 이들의 제지를 받게 되자 몹시 분개하여 그들을 죽이려고 하였다. 이때 군사 강태공이 다가와서 무왕에게 권하였다.

"이분들은 다름 아닌 인의를 말하는 분들입니다. 죽이시면 안 됩니다."

무왕은 강태공의 권유를 받아들여 이들을 살려 보냈다.

결국 주 무왕과 은나라의 주왕이 목야牧野에서 대결전을 벌인 후, 주 무왕이 결정적인 승리를 거두게 되어 은나라가 망하고 새로운 왕국인 주나라가 건설되었다.

백이와 숙제는 이런 소식을 들은 후 효와 인의를 어긴 주 무왕의 행동을 몹시 부끄럽게 여기고 주나라의 식량은 먹지 않기로 맹세하고는 손을 맞잡고 수양산으로 들어가 고사리를 캐어 먹으며 살았다. 이들은 고사리를 캐어 먹으면서도 오히려 저 유명한 〈채미가〉라는 노래를 불렀다.

송대 이당李唐의 〈채미도〉
이 그림은 이당이 만년에 그린 불후의 인물화다. 백이와 숙제가 수양산에서 고사리를 캐어먹다가 굶어 죽은 이야기를 묘사하고 있다. 두 사람이 앉아 이야기하는 소리가 들리는 듯하다. 형형한 눈빛과 주위의 소나무가 이들의 강직한 성격을 나타내준다.

저 서산에 올라 산중의 고사리나 캐자.

포악함으로 포악함을 다스렸어도

그 잘못을 알지 못하네.

신농神農과 우虞, 하夏의 시대는 홀연히 가 버렸구나.

우리는 장차 어디로 돌아갈 것인가?

아! 이제는 죽음뿐이다.

쇠잔한 우리의 운명이여!

고비

채미의 미는 고사리인가 고비인가?

우리는 일반적으로 채미를 '고사리를 캔다'는 뜻으로 써 왔다. 필자도 본문에서 옛사람들의 의견에 따라 그대로 고사리로 썼다. 그러나 《시경식물도감》이라는 책을 보면 우리가 쓰는 미薇는 고비로 쓰는 것이 맞다. 또한 옥편에도 고비로 나온다. 중국에서 말하는 미는 현재는 들완두라고 하는데 식용을 할 수는 있지만 우리가 생각하는 고사리는 아니다. 우리가 말하는 고사리는 궐蕨로 쓴다.

당시 고사리를 캐던 수양산 아래에는 강이 하나 있고, 작은 촌락도 하나 있었다. 바로 지척이라서 그들이 산 아래로 내려가 구걸을 한다면 밥은 얻어먹을 수 있었다. 그러나 그들은 산 아래의 사람들도 이미 주나라 사람이 되고 주의 통치를 받고 있으면 그 땅 역시 주나라의 것이라고 여기고, 그들이 생산한 식량은 결코 먹을 수 없다고 생각하였다.

그런데 어느 날 산나물을 캐러 온 아낙네가 주제넘게 몇 마디 한 말이 결국 백이와 숙제의 생명을 앗아 갔다. 이 아낙네는 나물을 캐려고 산에 올라왔다가 말라 비틀어져 다

죽어 가는 두 노인 역시 나물을 캐는 것을 보았다. 그러나 행동거지가 점잖은 것이 이 고장 사람이 아니었다. 그래서 연유를 물어 본 후에 저간의 사정을 알게 되었다.

아낙네가 말하였다.

"두 분 어르신은 정말 기개가 있으십니다. 그러나 지금 주나라의 양식을 먹지 않는다고 하시지만 천하가 모두 주나라 강산이라는 것은 생각해 보지 않으셨습니까? 이 산도, 이 산 위에 나는 나물도 모두 주나라의 것인데, 두 분은 어째서 주나라의 것을 아직도 드시고 계십니까?"

백이와 숙제는 이 아낙네의 말이 이치에 맞는다고 생각하고는 산나물도 먹지 않고 굶기로 하였다. 그러다 결국 수양산에서 굶어 죽었다.

백이와 숙제는 바보인가, 현자인가?

유명한 역사 인물들은 가장 특징적인 것을 후손들에게 남겨 주었다. 백이와 숙제 두 사람은 역사상 무슨 커다란 업적을 남기지는 않았다. 그러나 순자荀子는 백이, 숙제의 명성은 마치 해와 달과 같다고 하며 순舜임금과 우禹임금의 영명함처럼 천고에 길이 남을 것이라고 하였다. 백이와 숙제는 도를 위하여 죽은 사람들의 전범이 되고 유가儒家의 추종을 받았다. 공자의 학생인 자공子貢이 공자에게 물었다.

백이

"백이와 숙제는 어떤 사람들입니까?"

"옛날의 현인들이니라."

평소에 공자는 대답을 할 때에 몹시 신중을 기하며 여러 번 고려한 다음에 비로소 "자왈子曰"이라고 하였는데 백이와 숙제를 평가할 때만은 한 치의 주저함도 없이 '현인'이라고 말한 것으로 보아, 백이와 숙제의 행동을 매우 긍정적으로 보았음을 알 수 있다.

백이와 숙제의 행동은 유가의 가치관에 부합된다. 유가는 인생의 가치를 공명과 이익을 얻는 것에 두지 않고 사회에 어떤 공헌을 하였는지, 후세에 어떤 영향을 끼쳤는지에 두었다. 그래서 공자는 백이, 숙제는 대단한 성현이라고 평가하였던 것이다.

실제로 백이, 숙제는 천고에 이름을 남기기 위해 그런 행동을 한 것은 아니다. 그들은 단지 자신들의 입장을 견지했을 뿐이다. 그들이 우리에게 남긴 것은 일종의 독립된 인격, 일종의 독립된 정신으로 생명을 담보하는 집착이었다. 이것은 보통 사람들이 할 수 없는 행동이다. 당시의 사회상을 볼 때 은나라의 주왕은 확실히 포악무도하였으며 종일토록 주지육림에 빠져 있었다. 백성과 대신들을 잔혹하게 대함은 물론이고, 충언을 하는 자신의 숙부 비간의 심장은 어떻게 생겼는가 보자며 그의 심장을 도려내어 술에 담갔다. 이러한 폭군을 뉘라서 비호하겠는가? 이럴 때 주나라의 무왕이 여러 제후들과 연합하고 민심도 이제 그에게로 기울어, 그가 자신의 군주인 주왕을 토벌하는 것을 저지할 사람이 아무도 없었고, 무엇으로도 역사의 수레바퀴를 가로막을 수 없었다. 이런 상황에서 진군하는 무왕의 말고삐를 잡고 잘못을 지적한다는 것은 예사로운 일이 아니다. 그래서 한나라의 동방삭東方朔은 이들이 어리석다고 하였다. 너무 고집스럽고 시류를 모른다는 것이다. 또한 이 사실을 의심하는 사람도 있다. 북송의 왕안석王安石은 백이와 숙제의 이야기는 믿을 수 없다며 다음과 같이 지적하였다.

"당시 은나라는 쇠락하고 주왕은 잔혹하여 천하 사람들이 그를 미워하였는데, 백이와 숙제 같은 기개가 있는 사람이라면 더욱 미워하였을 것이 당연하다. 이 두 사람이 주 문왕에게 귀순한 것만 보아도 알 수 있는 일이다. 특히 그들의 사상은 강태공과 일치한다. 그들은 또한 일찍이 문왕을 보좌하며 주왕을 토벌할 것을 상의하지 않았던가?"

후세 학자들은 왕안석의 이 관점에 근거하여 백이와 숙제는 단지 무왕이 자신들의 의견을 거부하자 비로소 수양산으로 들어가 굶어 죽은 것뿐이라고 보고 있다. 이것은 그들의 굽히지 않는 성격과 독립된 의식으로부터 나온 결과이지 결코 두 사람이 부패한 은나라를 비호하려 했던 것은 아니라고 한다. 어찌 되었건 역사 속의 이 두 인물은 후세들에게 많은 것을 생각하게 만든다.

백이와 숙제가 주나라의 식량을 먹지 않고 굶어 죽은 것이 어질다고 해도, 어리석다고 해도 모두 그 나름대로의 이유가 있다. 역사는 통치자 계급이 편찬한 것으로, 특히 중국 역사는 늘 관방에서 편찬하였다. 그 목적은 현재의 통치를 공고히 하는 것이었다. 사회의 안정이 필요할 때에는 백이, 숙제와 같은 사람이 '현자'로 찬양되고, 사회가 개혁을 요구할 때는 '완고파'로 비판받았다. 이 모두 당시의 역사적 조건의 필요에 의해 바뀌게 마련이다.

이 두 사람의 후세에 대한 영향과 계시는 다층적이다. 그들이 고사리를 캐 먹다가 죽은 일은 비록 격정적이라고는 말할 수 없지만 맑은 옹달샘에 비친 세상의 풍경처럼 철학적 의미와 시적 영감으로 충만하다. 그들의 이런 집착은 충분히 음미해 볼 만한 가치가 있다.

고죽국은 어떤 나라인가?

고죽국은 은나라의 통치를 받던 중국 고대의 신비한 소왕국으로, 현재 고죽국의 흥망성쇠와 영역, 능침, 사당 같은 것에 대해 확실하게 알 수는 없다. 그러나 자료에 의하면 기원전 17세기에 은나라에 의해 봉을 받았다고 한다.

고죽국의 영역은 기동冀東 지역으로, 《요사遼史·지리지》에 "평주平州는 상나라 시대에 고죽국이고, 춘추시대에 산용국山戎國이었다"고 기록되어 있다. 그러므로 고죽국이 통치하던 곳은 현재의 하북성 당산시唐山市, 천서현, 노룡현, 창려현 등과 진황도 일대다. 그렇다면 고죽국의 수도는 어디였을까? 의견이 분분한 가운데 다수의 학자들이 고죽국의 수도는 현재 하북성 난현灤縣 북부 일대라고 하지만 확실치는 않다.

맨 처음 태양을 맞이하는 수양산

백이와 숙제가 굶어 죽었다고 하는 수양산은 이름이 매우 아름답다. 언사偃師에서 서북쪽으로 약 15리 거리에 있는 수양산은 망산邙山 중에서 비교적 높은 봉우리이다. 산이라고 말하지만 무슨 계곡이 있는 것도 아니고 그저 평평하다.

백이, 숙제의 무덤은 없고 단지 묘비만 있을 뿐인데, 그 위에 '고현인백이숙제묘古賢人伯夷叔齊墓'라고 쓰여 있다. 이두 사람은 백 마리 황소 고집보다도 더 굳센 의지를 보이며 죽었는데, 이렇게 황량하게 묘비만이 서 있을 뿐이다.

망산은 흙산이지만 언사의 이 일대는 돌산이다. 돌 색깔은 핏빛처럼 붉고 돌 재질은 견고하여 마치 백이, 숙제의 성격과 같다. 수양산首陽山이라는 이름은 망산의 봉우리 중에서 가장 높아 처음으로 일출을 맞이하는 산이라서 붙여졌다고 한다. 중국에는 수양산이라는 이름이 6개 있는데, 산서성과 감숙성에도 있다. 그중 감숙성 위원현渭源縣에 있는 수양산은 무척 높아 해발 2천 미터 이상이다. 백이, 숙제의 묘가 있는 산골짜기에는 청대의 섬서, 감숙성의 총독이었던 좌종당左宗棠이 쓴, '백세지사百世之師'와 '상나라 유랑민 백이와 숙제의 묘'라고 새겨진 비문이 있다. 양쪽에는 또 "만산에 고사리가 가득하니 생선 고기보다 맛이 있구나. 두 개의 황토 흙, 일월성신보다 빛이 난다네"라는 글귀가 있고, 횡액에는 '고산앙지高山仰止'라는 네 글자가 있다.

이처럼 중국의 수양산이 있는 곳에서는 모두 자신들의 수양산이 백이, 숙제가 있던 곳이라고 하지만, 종합적으로 판단해 볼 때 백이, 숙제가 고사리를 캐 먹었던 곳은 언사시의 수양산진首陽山鎭일 것이다. 당시 무왕이 맹진에서 제후들과 회합하고 주왕을 토벌하러 갔는데, 맹진은 바로 수양산 북쪽 기슭에 있으며 그들이 말고삐를 부여잡았던 곳은 이곳이라고 한다. 여러 기록에도 백이와 숙제가 이 산에서 고사리를 캐 먹었다고 기술되어 있다. 죽림칠현의 완적阮籍도 〈영회시詠懷詩〉에서 "상동문을 나가 멀리 수양령을 바라보네. 아래에는 고사리 캐 먹던 선비들이 있고 위에는 가수림이 있네"라고 노래하였다. 상동문은 바로 낙양의 성문이고, 죽림칠현이 생활한 시기는 위진시대로 위나라와 서진西晋의 수도는 모두 낙양이었다. 완적과 혜강 등 죽림칠현은 당시 낙양을 중심으로 활동을 전개하였던 사람들이다. 이렇게 종합적으로 판단해 볼 때 망산의 수양산이 백이, 숙제가 있던 곳임을 알 수 있다.

모두가 한 줌 북망산의 흙이 되어

낙양성 십 리허에
높고 낮은 저 무덤은
영웅호걸이 몇몇이고
절세가인이 그 누구냐
우리네 인생 한번 가면
저기 저 모양 될 터이니
에라 만수 에라 대신이야.

민요 〈성주풀이〉로 우리에게 너무나 잘 알려진 북망산은 낙양에서 북쪽으로 10리쯤 떨어져 있어 그런 이름이 붙여졌는데, 수천 년간 공동묘지였던 망산, 백제의 의자왕과 왕자들이 흑치상지黑齒常之와 함께 묻혀 있다는 망산에 도착한 것은 해가 설핏한 저녁 무렵이었다. 낙양의 석양이 미치도록 아름답다는 이야기를 들었건만 우리가 낙양에 도착한 1월 중순에는 멋진 석양을 기대할 수 없었고, 쌀쌀한 산바람만이 불고 있었다.

〈성주풀이〉의 가사가 그대로 역사를 읊었다는 것이 여기에 와 보니 실감이 난다. 낙양성의 북망산이 우리의 민요로 불려지게 된 것은 어떤 까닭일까? 그리고 이 슬픈 내용의 〈성주풀이〉를 왜 새 집을 지었을 때 부르는 것일까?

무당들이 〈성주풀이〉를 노래하는 연유는 집을 새로 지었다는 뜻인 성조成造에서 왔다고 하는데, 필자의 생각으로는 낙양성은 아니더라도 부여성의 성주城主, 아니 그 성의 주인이었던 의자왕을 빗대어 노랫말을 지은 것이 아닐까 하는 생각이 든다. 한 나라의 왕으로 부귀영화를 누렸던 사람이 포로의 신세가 되어 이역만리 타국에 와서 망산에 묻힌 것을 생각하면 참으로 기가 막히다.

백제가 나당 연합군에 의해 망했을 때(660) 의자왕을 비롯해 1만 2천여 명의 백제인이 당으로 압송되었는데, 왕자만 해도 88명이었다는 설이 있다. 아무튼 낙양성에 살았던 사람들이 죽으면 가는 공동묘지가 망산이었으니, 낙양에 살았던 백제의 왕과 백제인들도 죽어서 이곳에 묻히게 되었다. 백제의 부흥 운동을 벌였던 흑치상지와 태자였던 부여융扶餘隆의 묘지석이 이 망산에서 발견되었다. 그러나 의자왕의 무덤은 아직 발견되지 않고 있다. 문화대혁명기에 식량을 얻기 위해 북망산의 묘지들을 밀어 버리고 밀을 심었다고 한다. 그런데 유독 한 무덤에서만 밀이 자라지 않아 혹시 그곳이 의자왕의 무덤 자리가 아닌가 하는 의혹이 제기되었다. 역사학자들은 일국의 왕이었던 사람의 무덤이니 조금 다른 방식으로 무덤을 썼을 것이고, 그런 곳에서는 밀이 자라기 어려울 것이란 추측을 했다. 그러나 그 자리에서 부여융의 묘지석은 나왔지만 의자왕에 관한 기록은 끝까지 나오지 않았다. 많은 한국인이 의자왕의 무덤을 찾기 위해 망산을 헤매었지만 찾을 수 없었다.

서기 2000년에 의자왕의 혼을 옮겨 오는 의식을 치른 후 부여 능산리 고분군 안에 의자왕과 부여융의 묘를 조성하고 비석을 세웠다. 망산에서 출토된 묘지석의 복제품과 그곳의 흙을 가져와 가묘 형식으로 만들어 놓았다. 비석 두 개 중 오른쪽에 있는 큰 것은 백제국의자대왕단비百濟國義慈大王壇碑이고, 왼쪽의 작은 것은 백제국부여융단비百濟國夫餘隆壇碑이다.

의자왕과 부여융의 묘

한국의 채미정

채미지가의 충절지사에 비유하여 충신을 기리는 채미정

채미정

이라는 정자가 한국에도 있다. 경상북도 구미시 남통동에 있는 조선시대의 정자로 1986년 10월 15일 경상북도 기념물 제55호로 지정되었다. 고려 말기의 충신이며 대학자인 길재吉再의 충절과 학덕을 기리기 위하여 1768년(영조 44)에 건립하였다고 한다. 길재는 고려가 망하고 조선이 개국하자 태상박사太常博士의 관직을 받았으나 벼슬에 나가지 않고 고향에 돌아와 은거 생활을 하면서 절의를 지켰다. 1419년(세종 1)에 별세하자 나라에서 충절忠節이라는 시호를 내렸다.

산을 옮긴 할아버지
─우공이산

愚公移山

쉬지 않고 꾸준히 한 가지 일만 열심히 하면 마침내 큰일을 이룰 수 있음을 비유한 말.

愚 : 어리석을 우
公 : 공 공
移 : 옮길 이
山 : 산 산

우공이산의 글자를 그대로 해석하면 '어리석은 노인이 산을 옮긴다' 라는 뜻이다. 그러나 현재는 '나태하지 않고 열심히 공부하면 성공한다' 는 비유로 쓰이고 있다.

이 이야기는《열자列子·탕문편湯問篇》에 나온다.

중국 기주冀州의 남쪽과 하양河陽의 북쪽 사이에 태행산太行山과 왕옥산王屋山이 있었는데, 사방 7백 리에 높이는 만 길이나 되었다고 한다. 북산北山 밑에 우공愚公이라는 노인이 살고 있었는데, 주위의 경치가 아름답기 그지없었다. 그러나 애석하게도 집 앞에 이 두 개의 높은 산이 떡 버티고 서서 길을 가로막고 있었다. 그래 온 가족이 집에 드나들 때면 늘 멀리 돌아 가야 했기 때문에 몹시 불편하였다.

우공은 이미 90세에 가까운 노인이었지만 이 때문에 늘

고민을 하다가 하루는 집안 식구들을 불러 놓고 이렇게 말했다.

"지금 온 가족이 다 모였으니 중요한 일을 한 가지 의논하여야겠다. 우리 집 앞에 저 높은 산이 있어 길을 가로막고 있지 않느냐? 그래서 드나들기가 몹시 불편하다. 나는 이 산을 옮기기로 결심했는데, 너희들 의견은 어떠냐?"

저마다 의견이 분분하였다.

그러자 아내가 먼저 자리에서 일어나 남편에게 손가락질하면서 소리쳤다.

"영감, 당신 미쳤수? 설사 미치지 않았다고 해도 당신이 지금 몇 살이우? 당신이 설령 백 살을 산다고 하여도 저 산은 옮길 수 없단 말이오. 산도 높지만 그 주위가 몇백 리나 되는데, 저렇게 높고 큰 산을 어떻게 옮긴단 말이우?"

다른 식구들도 서로 얼굴만 바라보며 아무 말도 못 했다.

아내는 또 "게다가 그 파낸 흙과 돌 들은 도대체 어디다 버린단 말이에요?" 하고 덧붙여 말했다.

"그거야 발해渤海에 갔다 버리면 되지 않소?"

자식들은 어쩔 수 없이 아버지의 의견에 찬성하였다.

그다음 날 이른 아침에 우공은 집안 사람들을 이끌고 삽과 곡괭이, 삼태기 등을 가지고 산을 옮기러 나섰고, 모두들 열심히 산의 흙을 파내고 흙과 돌덩이 들은 발해 쪽으로 운

반해 갔다. 진흙과 돌덩이를 발해에 갔다 버리는 데 반년이나 걸려, 사람들은 갈 때 입은 두꺼운 솜옷이 여름 옷으로 바뀔 때쯤 되어야 돌아왔다.

부근에서 중년 과부가 아이 하나를 데리고 살았는데, 아이는 이제 막 이(齒)를 가는 나이였다. 아이가 아장아장 걸으면서 우공을 거들었다.

우공이 집안 식구들을 이끌고 산을 옮기기로 했다는 소문이 얼마 되지 않아 여러 마을과 지역으로 퍼지게 되었다. 그러자 하곡河曲 땅에 사는 지수智叟라는 노인이 우공을 찾아와서 말했다.

"자네는 이렇게 나이가 들어서 나무 한 그루 베기도 힘든데 어떻게 산을 옮긴단 말인가? 당장 그만두게나."

우공은 탄식하며 대답했다.

"이보게, 사람들이 모두 자네가 지혜롭다고 하던데, 오늘 자네가 하는 말과 생각은 정말이지 바보스럽고 저 과부나 어린아이만도 못하구먼. 당연히 이 나이에 산을 옮기는 일은 불가능하지, 그러나 내가 죽더라도 아들이 있고, 또 아들이 죽으면 손자가 있지, 손자는 또 증손자를 낳겠지. 이러다 보면 결국 언젠가는 완성되고 말 것이네."

하곡의 노인은 더 이상 대꾸할 말을 찾지 못하고 그냥 돌아가 버렸다. 그런데 손에 뱀을 쥐고 다니는 태행산과 왕옥

마을의 요동들
이런 요동은 주로 가축을
기르거나 곡식을 저장하는
데 쓰인다.

산의 산신이 이 일을 알고는 우공이 이렇게 우직스럽게 밀고 나간다면 산이 남아나지 못할 것이라 생각되어 옥황상제에게 고하였다. 그러나 옥황상제는 우공의 정신이 가상하다고 여겨 과아씨夸娥氏의 두 아들을 보내어 우공을 돕게 하였다. 과아씨의 아들들은 힘이 장사로 두 산을 업고서 하나는 삭동朔東으로, 다른 하나는 옹남雍南으로 옮겼다. 이렇게 하여 함께 있던 두 산이 각기 남북으로 나눠지게 되었고, 우공의 집안 식구들은 아주 편하게 집에 드나들게 되었다.

이 이야기는 물론 신화로 전해져 오지만, 우리가 지금 '우공이산'이라고 할 때는 그 미련함이나 우직함을 탓하기보다는 불요불굴의 정신을 높이 사고 있다.

위의 맨 처음에 나오는 지명인 기주는 고대 구주九州의 하나로 지금의 하북, 산서, 하남의 황하 이북과 요녕의 요하 이서以西 지역이다. 하양은 지금의 하남성 맹진孟津이다. '하양'의 본뜻은 '강의 북쪽'이라는 의미인데, 일반적으로 한자 지명 중에서 '볕 양陽' 자가 있으면 강의 북쪽에 있는 도시이다. 제갈공명이 살았던 남양南陽, 은허의 고장인 안양安陽, 낙양洛陽 등이 모두 강의 북쪽에 있는 도시들이다. 이것은 한국의 경우도 마찬가지인데, 서울의 옛 이름이 한양漢陽인 것도 한강의 북쪽에 있다는 의미이며, 온양溫陽, 담양潭陽, 밀양密陽 등도 그 이름대로 모두 강이나 하천의 북쪽에 있다.

요동의 대문에 걸려 있는,
하트 모양이 있는 분홍 커튼

황토고원의 토굴집 — 요동

위의 여러 가지 상황을 감안하거나 지금 하남성 낙양의 북쪽 맹진에 왕옥산이 있는 것으로 볼 때(이것이 이전의 왕옥산인지는 명확하지 않지만), 이 이야기가 나온 지역은 이 근처 어디쯤일 것이라고 생각된다. 그런데 이 지역의 흙은 모두 황토 흙이다. 황하 물이 그렇게 누런 것 역시 그 발원지인 황토고원에서 황토 흙을 휘돌아치면서 내려오기 때문이다. 그런데 황토는 부드럽기 그지없다. 그것을 물과 혼합하여 흙벽돌로 만들면 단단해지지만 흙 그 자체는 한없이 부드럽다. 그 부드러움을 직접 체험해 본 적이 있다. 황토고원을 여행할 때 화장실을 찾는 것은

▲위에서 바라본 요동
▼요동에서 마작하는 주민들

황토고원의 다양한 형태의
요동

사치다. 그저 자연 속에 나를 맡기는 수밖에 없다. 황토에 소변을 볼라치면 그 고운 흙이 오줌 줄기에 의해 쉽게 허물어진다. 그 정도로 부드럽다. 그러기에 황토고원에 사는 사람들은 모두 쉽게 황토를 파서 만든 요동窯洞이라는 곳에서 산다. 일반적인 가옥이 지상 위에 있다면 이 요동은 지상 밑에 있다. 그래서 '땅 밑의 동굴'이라는 뜻의 요동이라는 이름이 생긴 것이다. 만일 그 흙이 파기 어려웠다면 지금까지도 그렇게 수천수만 개의 요동이 있을 리 없다. 그 지역 사람들은 산의 아무 곳에나 동굴을 파서 짐승 우리로도 사용하고 곡식 저장고로도 이용하고 있다.

그런 요동을 보면서 이 지역에서 우공이 산을 옮겼다면 그 산은 우리나라처럼 그렇게 단단한 화강암 같은 바위산이 아니고 저런 황토산이었을 것이라는 생각이 슬그머니 들었다. 만일 황토 흙이라면 파내기가 얼마나 수월했을까? 말이 산을 옮기는 것이지 그냥 땅 파는 정도의 수고를 하였을 것이다. 그러나 역시 산은 산, 오랜 시간이 걸렸을 것이 틀림없다.

중국 하남성 여행길에 공사 현장을 지나치게 되었다. 아직도 곡괭이, 삽, 들것 등을 가지고 일을 하고 있었는데, 공사 현장에 내걸린 현수막이 아주 인상적이었다. 그 현수막의 내용왈, '우공이 산을 옮긴 것을 본받자!'

춘련이 붙어 있는 요동 입구

낙양에 온 못생긴 촌뜨기의
베스트셀러

―낙양지가

洛陽紙價

책이 호평을 받아 잘 팔리는 것을 비유하여 이르는 말.

洛 : 물 이름 **락**
陽 : 볕 **양**
紙 : 종이 **지**
價 : 값 **가**

'낙양의 종이값을 올린다' 는 고사성어 '낙양지가귀洛陽紙
價貴' 는 《진서晉書 · 문원전文苑傳》에 나오는 말로, 오늘날 어
떤 사람의 작품이 걸출하여 독자들에게 대환영을 받아 베스
트셀러가 된 것을 가리키는 말로 쓰인다. '낙양지가' 는 '낙
양지귀' 라고도 한다.

《삼도부》―최고의 베스트셀러

서진西晉시대에 좌사左思라는 문인이 있었는데, 그는 아
주 박학다식하였으며 또한 문장의 내용이 풍부할 뿐만 아
니라 언어의 조탁에도 빼어났다. 그는 《삼도부三都賦》를 쓰
기로 결심을 하였다. 삼도란 삼국시대의 위魏 · 촉蜀 · 오吳
나라의 수도였던 업과 성도, 건업을 말한다. 《삼도부》는 이

세 도시의 형세, 풍토, 지리, 인정 및 생산물 등을 상세하게 서술한 거작으로, 취재하고 구상하고 집필하여 완성하기까지 장장 10년이라는 시간과 정력을 쏟아 부은 작품이다. 이 《삼도부》가 완성되었을 당시에는 유명인사들의 관심을 그다지 받지 못하였다. 후에 유명한 학자 황보밀皇甫謐이 이 작품을 칭찬하고 또 좌사를 위하여 서문을 써 주자 비로소 사람들의 관심을 받기 시작하였다. 그러면서 점차 사람들의 입에 오르내리게 되었는데, 또다시 장재張載와 유규劉逵라는 두 학자의 칭찬을 받았다. 장재는 《삼도부》 중에서 위나라의 수도 부분에 주석을 달고, 유규는 촉과 오나라의 수도 부분에 주석을 다는 한편 서문도 썼다. 이렇게 되자 좌사의 몸값과 그의 작품 《삼도부》의 책값이 갑자기 비싸지기 시작하였다.

얼마 되지 않아 또 유명한 학자인 장화張華가 좌사의 문장에 매우 감탄하여 그를 반고班固와 장형張衡의 반열에 오를 수 있는 사람이라고 격찬하였다. 두 사람 다 동한시대의 대시인으로 반고는 《양도부兩都賦》를 쓰고 장형은 《양경부兩京賦 》를 썼으며, 두 작품 모두 한대 문학의 걸작품이기 때문이다.

장화의 한마디, 즉 좌사의 《삼도부》는 새로운 구성이 돋보이고 등장인물의 묘사가 탁월하며 문필이 유려한 것이 반고와 장형의 '부'와 견줄 만하다는 말에, 좌사의 명성이 문단에서 확고히 자리 매김을 하게 되었다.

좌사의 《삼도부》가 이렇게 여러 문인들의 칭찬을 듣게 되자 당시 지위깨나 있다는 사람들이 앞다투어 이 책을 구입하고, 모두들 이 책을 소유하는 것을 자랑으로 여기에 되었다. 이 당시는 인쇄술이 아직 그렇게 발달되지 않았기 때문에 서적을 유포시키려면 완전히 손으로 베껴 써야 하였다. 그래서 모두 종이를 사서 이를 베꼈기 때문에 낙양의 종이값이 폭등하고 종이를 구할 수 없는 지경에 이르렀다. 이리하여 좌사는 '낙양의 종이값을 올린' 장본인이 되었다.

태강시대의 문인들

당시 사마司馬씨가 조조의 위나라를 멸하고 서진을 세우자 문학에서도 새로운 변화가 일어났다. 이 시기의 시는 형식의 아름다움을 지나치게 추구하고 내용 면에는 선배 작가들의 작품을 모방했기 때문에 현실과 멀어지게 되었다. 중국 문학사에서는 이 시기의 시풍을 '태강체太康體'라고 한다. 이 태강시대를 대표하는 문인들을 '삼장三張·이륙二陸·양반兩潘·일좌一左'라고 칭한다. 여기서 삼장은 장재, 장협張協, 장항張亢 삼 형제를 말하고, 이륙은 육기陸機와 육운陸雲 두 형제를 가리키며, 양반은 아저씨인 반악潘岳과 조카인 반니潘尼를 말하고, 일좌는 바로 좌사를 가리킨다. 이들이 이 시기의 대표적인 문인들이지만 당시의 문단을 주도한 인물은 육기와 반악이라고 볼 수 있고, 좌사는 독자적인 기치를 내세웠다.

육기는 오나라 명문가의 후손으로 열네 살 때부터 병사들을 이끌며 전쟁터에서 살았고, 후에 조국이 진나라에 멸망하자 육기 형제는 두문불출하고 독서에만 열중했다고 전해진다. 그들은 후에 낙양으로 이사를 했는데, 당시 문학계의 거두였던 장화가 이들을 보고 "우리가 동오를 멸하고 얻은 가장 큰 수확은 문학의 천재인 바로 이 두 사람이다" 하고 칭찬을 하여 두 형제가 더욱 유명해지게 되었다. 그래서 낙양에서는 "육씨 형제가 낙양에 오자 장씨 형제의 인기가 떨어졌다"는 말이 나오게 되었다.

여성들의 우상, 미남자 반악

반악과 육기는 문학적 재능이 뛰어나 서로 우열을 가리기가 힘들었다. 그래서 사람들은 "육기의 재주는 바다와 같고, 반악의 재주는 강과 같다"고 평하였다. 반악은 요즘의 몸짱, 얼짱처럼 너무나 잘생겨 당시에 수많은 마니아가 있었다고 한다. 심지어는 그가 길을 걸을라치면 몰려드는 아가씨들 때문에 길을 갈 수가 없고, 수레를 타고 가면 유부

녀들이 그가 탄 수레에 과일을 마구 던지며 연모의 정을 표시하였다고 한다. 팬 레터나 선물 공세에 시달리는 요즘의 연예인들이 누리는 인기에 못지않았음을 알 수 있다. 그렇지만 반악은 낭만적 감수성을 지닌 다정다감한 남자로 이런 뭇 여성들의 인기에 아랑곳하지 않고 죽은 아내를 추모하는 〈도망시悼亡詩〉를 지었다. 그중의 일부분을 보면 다음과 같다.

초가집 바라보면 그녀가 생각나고
방에 들어서면 그녀와 함께한 날들이 떠오르네.
휘장과 병풍엔 비슷한 모습조차 없으나
그녀가 남긴 글 속엔 그녀의 자취 남아 있어라.
흐르는 향내 아직 마르지 않았고
벽에 걸린 글씨 보면 벽에 기대서 있는 듯.

이렇게 아내가 떠난 텅 빈 집과 그녀가 남긴 여러 물건들을 바라보며 떠오르는 가슴 아픈 기억 속에서 아내에 대한 진실한 사랑을 느낄 수 있는데, 이런 시는 반악이 처음 시도한 것으로 후세 문인들이 이를 모방하여 아내를 기리는 시를 짓게 되었다. 잘생긴 외모에 이런 마음까지 지녀 여성들에게 더욱더 인기가 있었다. 그래서 후세의 소설이나 희곡에서 어떤 사람의 재주와 외모가 출중하면 과장하여 "재주는 굴원과 송옥보다 뛰어나고 외모는 반악과 견줄 만하다"고 표현하게 되었다.

촌뜨기에 못생긴 좌사

이처럼 잘생긴 외모를 지닌 반악과는 처지가 완전히 다른 사람이 바로 좌사였다. 좌사는 제나라의 임치(臨淄 : 지금의 산동성) 사람으로 빈한한 가정에서 태어났다. 좌사는 너무 못생긴 데다가 말까지 심하게 더듬어 사람들과 그리 활발히 교제하지 못하였다. 그는 어린 시절부터 서예를 배우고 악기를 다루었으나 어느 것 하나 확실히 잘하는 것이 없자, 그의 아버지가 "아무짝에도 쓸모없는 놈" 하고 역정을 내고 무시해 버렸다. 좌사는 아버지의 이 말에 충격을 받고 더욱 문학에 전념하여 마침내 대가의 경지에 이르게 되었던 것이다. 많은 문인이 그들의 재기와 문벌에 의하여 성공한 반면, 좌사는 오로지 노력 하나로 성공한 사람이다.

그래서 시의 풍격 면에서도 좌사는 육기나 반악과 크게 달랐다. 그의 울분과 처량함 등은 힘이 있고 건강하였다. 그래서 그의 시의 독자적인 풍격을 후세에 '좌사의 힘〔左思風力〕'으로 표현하기에 이르렀다. 좌사의 대표작인 〈영사시詠史詩〉 여덟 수는 옛사람들의 이야기를 빌려 시인 자신의 마음을 표현한 것으로 출신 성분을 중요시하던 당시의 악습과 문벌제도의 불합리함 등에 대하여 울분을 토하고 있다. 또한 이런 불공평함이 어제오늘의 일이 아니고 그 역사가 오래되었으며, 사람들이 능력이나 재주보다는 조상들의 음덕에 의하여 관리에 임용되고 있다고 통렬하게 비판하고 있다. 이렇게 좌사는 당시의 사상을 뛰어넘은 탁견을 보여 주고 있다.

'낙양의 종이값을 올린'《삼도부》를 쓰기로 결심한 좌사는 당시의 비서랑秘書郞, 즉 요즈음으로 치자면 국립도서관장에게 특별히 부탁했다. 더 많은 도서와 자료를 접하기 위해서였다. 그는 또 평소에 주로 집에 있으면서 거실과 정원, 심지어는 화장실에까지 종이와 붓을 준비해 두었다가 좋은 시상이 떠오르면 어느 곳에서건 붓을 들고 써 내려갔다고 한다.

당시 육기가 낙양에 왔을 때 그도 좌사의 《삼도부》 같은 작품을 써 볼까 생각하였다. 그런데 좌사가 쓰려 한다는 말을 듣고는 껄껄대며 웃고, 동생인 육운에게 "내가 듣자 하니 이곳의 어느 촌것이 삼도부를 쓴다고 하더라. 좋아, 쓸 테면 써 보라지. 다 쓰고 나면 그것 가져다가 술단지 뚜껑이나 하면 제격일 거야" 하고 비웃었다. 그러나 좌사의 《삼도부》를 다 읽어 본 육기는 감탄을 하고 쓰려 했던 마음을 접었다고 한다.

낙양

—석양이 아름다운 도시

수많은 유적지와 현대적 건물이 공존하는 낙양은 참으로 매력적인 도시다. 낙양은 하남성 서부에 위치하며 황하 중류의 양안 지역에 있다. 총인구는 615만여 명이다. 낙양은 중국 7대 고도古都의 하나다. 중국의 첫 번째 왕조였던 하나라를 시작으로 상·서주·동주·동한·조위·서진·북위·수·당·후량·후당·후진 등 여러 왕조가 낙양을 수도로 하였다. 예로부터 낙양의 낙조는 아름답기로 이름이 나 있다.

낙양삼절洛陽三絕

낙양삼절은 낙양 모란·낙양수석·용문석굴을 말한다.

꽃 중의 왕인 모란은 특히 중국 사람들이 좋아하는 꽃이다. 명나라의 이시진李時珍은 《본초강목》에서 "모란은 종자를 맺지만 뿌리에서 싹이 나오므로 모(牡 : 牡는 수컷 모 자다. 종자 번식을 하지 않고 무성번식無性繁殖을 하기 때문에 이런 글자를 쓴다)라고 한다. 꽃이 붉으므로 붉을 단丹 자를 쓴다"라고 설명하고 있다. 그런데 우리가 관람했던 낙양고묘박물관의 기념품점 점원이 우리에게 낙양 모란 꽃 씨라고 하면서 봉투 하나씩을 주었지만 심어 보지 못했다. 기왕에 무성번식을 하는 것이라면 씨가 어째서 필요한지 이 방면에 문외한인 필자는 잘 모

르겠다. 어찌 되었거나 봄이 되면 붉은색으로 뾰족이 새싹이 돋는 모란을 생각하며 씨앗을 준 사람의 마음만을 감사하게 간직할 뿐이다.

모란은 중국의 전통 꽃으로 색·향·운韻 세 가지를 갖추고 있다. 수많은 시인, 묵객들이 모란을 주제로 하여 시를 짓고 그림을 그렸다. 주돈이가 〈애련설愛蓮說〉에서 "모란은 부귀한 꽃이다"라고 한 이후 모란은 부귀를 나타내는 꽃으로 여겨지게 되었다. 그래서 모란의 꽃말

낙양 모란

도 '원만'과 '부귀'다. 신라의 설총이 〈화왕계〉를 지은 것을 보면 당시에도 모란을 최고의 꽃으로 여긴 것 같다. 설총이 신문왕을 깨우치기 위해서 지은 것이 〈화왕계〉라고 하는데, 이것은 당 태종이 선덕여왕에게 모란꽃 그림을 준 이후에 지어진 것이다. 당나라 때 사람들은 특히 모란을 좋아했던 것 같다.

전해지는 바에 의하면 당의 무측천이 겨울에 술에 취하여 온갖 꽃들에게 꽃을 피우라고 명령을 내리자 모든 꽃이 앞다투어 피어났지만 오로지 모란만 명

령을 듣지 않았다고 한다. 이에 화가 난 무측천이 모란을 낙양으로 귀양 보냈다. 이리하여 '낙양 모란이 최고'라는 뜻인 '낙양모란갑천하洛陽牡丹甲天下'라는 말이 생겨나게 되었다. 권세에 아첨하지 않고 고통을 능히 극복할 수 있는 품성을 모란에게 부여해 줌으로써 자신들이 사랑하는 꽃에 대해 타당성을 부여한 것이리라.

모란에는 정말 향기가 없을까?

선덕여왕과 모란꽃 그림 이야기에 대해서는 많은 사람이 알고 있다. 신라 진평왕 때 당나라 태종이 덕만공주 시절의 선덕여왕에게 붉은색·보라색·흰색의 모란꽃 그림과 꽃씨 서 되를 보냈다. 그 그림을 보고 덕만공주는 "이 꽃에는 분명히 향기가 없을 것이다"라고 했다. 그 이유를 물은즉,

현대 화가 왕수王繡의 모란 그림·〈춘운도〉

꽃을 그렸는데 나비가 없어서 향기가 없는 것을 알았다고 말했다. 그리고 《삼국사기》와 《삼국유사》의 저자인 김부식과 일연은 덕만공주의 말이 사실이었다고 기록하였다. 정말 모란에는 향기가 없는 것일까? 위에서 이미 모란은 색과 향을 가진 꽃이라고 필자는 말하였다.

그렇다면 이 세 사람의 오해는 어디에 기인한 것일까? 우선 덕만공주는 중국 그림을 제대로 이해하지 못했고, 김부식과 일연은 물증 없이 심증만으로 기록한 것 같다. 아니면 세 사람 모두 실제로 모란을 보지 못했는지도 모른다.

그리고 당 태종이 보냈다는 그림은 지금 어찌 되었을까? 만일 지금까지 보존되고 있다면 선덕여왕과 함께 '읽어' 보고 싶다. 중국 그림은 '본다' 고 하지 않고 '읽는다' 고 한다. 그만큼 그림에 내포되어 있는 뜻이 많다. 이는 한자는 많고 소리는 한정되어 있기 때문에 일어나는 해음諧音현상과 관계가 있다. 모란은 중국 발음으로 'mudan' 이고, 나비 '접蝶' 자의 발음은 'die' 이다. 나비 접자와 나이 60세에서 80세까지의 노인을 지칭하는 '질耋' 의 발음이 모두 'die' 이다. 그러니까 모란 옆에 그려진 나비는 장수를 의미한다. 그런데 장수를 하고 싶은 욕망은 80세에서 그치지 않는다. 한자에는 8, 90세의 노인을 의미하는 '모耄' 자도 있다. 그런데 나비를 그려 넣으면 '질' 자가 생각나고 그렇게 되면 60~80세로 한정된다. 90세까지 살 수도 있는데 80세에서 머무르게 된다면 얼마나 서운한가? 그래서 모란 그림에 고양이가 그려지게 되는데, 모耄의 발음과 고양이 묘猫의 발음이 중국어로는 모두 'mao' 이기 때문이다. 그러니까 모란과 나비, 고양이를 함께 그리면 길게는 90세까지 부귀와 장수를 누리라는 뜻이 되므로 이 정도면 만족할 만한 인생이 된다고 믿는 것이다.

물론 이것도 그럴듯한 해석이다. 그러나 모란은 꽃 중의 왕이므로 그 자체로 이미 최고다. 그러니까 모란에 다른 무엇인가를 덧붙인다는 것은 군더더기에 불과하다고 여겼던 것이 아닐까 하는 생각을 하게 된다.

모란은 한자로 '모단牡丹' 이라고 쓰고 '모란' 이라고 읽는다. 성남에 모란시장이 있고, 영랑의 작품에도 〈모란이 피기까지는〉이라는 시가 있다. 모두들 '모란' 이라고 읽는다. 그런데 왜 유독 '국민의 손목 체조' 라고 불리는 화투에서는 모란이라고 하지 않고 '홍목단' , '청목단' 이라고 하는 것일까? 이 놀이를 좋아하는 분들께 '청모란', '홍모란'이라고 부르시길 권한다면 너무 주제넘은 일일까?

용문석굴

용문석굴龍門石窟은 감숙성의 돈황 막고굴, 산서성의 대동 운강석굴과 함께 중국 3대 석각 예술의 보고로 낙양시 남쪽 12킬로미터 지점에 있다. 당대 시인인 백거이는 "낙양의 교외 산수의 명승지 중에서는 용문이 최고이며, 용문 10사찰의 명승지 중에서는 향산이 최고"라고 하였다. 용문은 지형학적으로 요새지여서 옛날에는 궐새闕塞 혹은 이궐伊闕이라고도 하였다.

용문산은 향산香山과 마주 보고 있으며, 이수伊水가 북쪽으로 돌며 흐르는데 멀리서 보면 마치 천연의 성문과 같다. 용문석굴은 북위 효문제 시대에 파기 시작하였으며, 동한·서위·북제·수·당·북송 등 여러 왕조를 거치며 4백

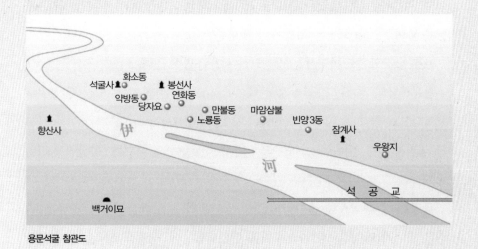

용문석굴 참관도

봉선사 노사나불
용문 최대의 불상으로 총 높이는 17.14m. 얼굴 모습이 풍만하고 윤기
가 흐르며 엄숙하고 전아하다. 무측천을 모델로 하였다는 설이 있다.

여 년 동안 끊임없이 이 일이 진행되었다. 용문석굴의 남북 길이는 1킬로미터
이며, 현존하는 감실龕室은 2345개, 제기題記와 비석은 3600여 점에 달하고, 불
탑은 50여 기, 조상造像은 10만여 존에 이른다.

용문석굴 외에도 낙양에는 명승고적이 아주 많이 있다.

용문석굴의 건너편 향산에 있는 백거이묘白居易墓는 백총白冢 또는 백거이 화
원이라고도 한다. 묘 앞의 비석에는 '당소부백공묘唐少傅白公墓'라는 여섯 글자
가 새겨져 있다. 백거이(772~846)의 자는 낙천樂天이고, 자호는 '향산거사香山居
士'다.

관림關林은 삼국시대 촉나라의 장군인 관우의 목을 매장했다는 곳이다. 관
림은 명나라 만력 24년(1596)에 처음 건립되었는데, 궁전식 건축물들과 무성

백거이묘

낙양고묘박물관

한 오래된 측백나무, 비석들이 그 위용을 자랑하고 있다. 관우는 역대 왕조에서 '무성武聖'으로 존중받았으며, 민간에서는 '충용인의忠勇仁義'의 모범으로 숭배되고 있다.

낙양고묘박물관洛陽古墓博物館은 낙양시 북쪽 교외의 망산총두서촌邙山冢頭西村에 위치하고 있다. 세계에서 처음으로 역대의 대표적인 무덤들이 주로 전시되어 있는 전문적인 박물관이다. 지상과 지하 두 부분으로 나뉘어 있다. 우리가 말하는 북망산이 바로 이곳인데, 백제 의자왕의 무덤도 이곳에 있다고 하지만 아직 정확한 위치를 찾지 못하고 있다.

중국 제일 고찰 백마사

백마사白馬寺는 낙양에서 동쪽으로 12킬로미터 떨어진 곳에 있다. 그러나 현재의 백마사는 너무 현대적으로 고쳐서 고졸한 맛이 없고 상업적인 냄새만 물씬 풍겨나고 있다.

낙양박물관洛陽博物館은 낙양 유일의 종합 역사 박물관이다. 새롭게 전시된 〈영원한 문명―낙양 문물 정품 진열전〉은 역사시기 이전·하상夏商시기·양주兩周시기·한위漢魏시기·수당隋唐시기 등 다섯 시기로 나뉘어 구성되었으며, 전시된 물건은 천여 점에 이른다. 그중에서도 5천 년 전의 코끼리 화석, 신석기시대의 채도기彩陶器, 하상주시기의 청동 예기禮記, 한위시기의 채회도기 및 백희용百戲俑, 당대의 삼채등三彩燈과 삼채마三彩馬는 중국의 보배로 칭해지고 있다.

가장 멋진 여행은 날씨와 음식, 그리고 사람이 좌우한다. 날씨가 좋으면 괜히 여행길이 즐겁고, 그 위에 음식까지 맛있으면 정말 최상이다. 여행길은 피곤한 것이 당연한데, 음식이 입에 맞지 않아서 배고프면 구경이든 관람이든 만사가 다 귀찮아진다. 상쾌한 날씨에 적당히 배부른 데다가 좋은 사람과 여행을 하는 것처럼 즐거운 인생의 낙도 없을 것이다. 여행지에서 맛있는 음식 먹는 것 또한 그 고장의 문화를 배우는 일 중의 하나이며 소중한 추억이다. 개인적으로는 오래도록 몸으로 기억할 수 있는 것은 음식 냄새라고 생각한다. 한번 맡은 음식 냄새는 몇 년, 몇십 년이 지나도 기억이 떠오르곤 한다. 일본 공항에 내리면 훅 하고 온몸으로 스멀스멀 느껴지는 것은 다시마 끓이는 냄새이고, 중국에 가서 이 냄새가 뭐지 하고 생각해 보면 오향 냄새다. 사람들은 이것을 일본 냄새, 중국 냄새라고 하는 것 같다.

중국 음식이야 세계적으로 정평이 나 있지만, 흔히 하는 말로 중국에서는 "네발 달린 것은 책상, 날개가 있는 것은 비행기를 빼놓고 다 먹는다"고 한다. 물론 이것은 중국의 몬도가네식 음식을 염두에 두고 하는 말이다. 그런데 여기서 소개할 낙양삼절의 하나인 낙양수석(洛陽水席 : 뤄양쉐이시)은 점잖은 음식으로 전통이 아주 오래되었다.

물론 만한전석처럼 3박 4일 동안 먹는 초호화판 요리도 아니고 북경 오리구이처럼 외국인에게 이름난 것도 아니지만, 낙양에 가면 반드시 먹어 봐야 하는 전통 음식으로 이 '뤄양쉐이시'를 추천하고 싶다. 이미 역사가 1천 년이나 되었다고 하는데, 낙양에서는 경조사 때 반드시 이 음식을 먹는다. '수석水席'

냉요리 8접시

이라는 말에는 두 가지 함의가 있는데, 하나는 뜨거운 음식은 모두 국물이 있다는 것이고, 다른 하나는 마치 물이 흐르듯이 음식이 한 가지, 한 가지씩 계속 나온다는 것이다. 이렇게 말하면 한국 사람들은 잘 이해가 안 갈지 모르겠다. 우리는 중국 음식 하면 먼저 볶는다는 생각이 들기 때문이다. 그런데 수석은 볶거나 찌는 것이 아니라 국물이 있는 요리라는 것이다.

수석은 본래 민간 음식이었으나 측천무후 때 황궁에 진상된 뒤 산해진미가 더해져 궁정의 연회 요리가 되었다. 그 후에 다시 궁중에서 민간으로 전파되어 독특한 요리가 만들어졌다.

낙양수석에는 세 가지 특징이 있다. 그 하나는 육류와 야채 요리가 있는데 야채를 많은 육류를 사용해 재현하고 있으며, 찬 것과 뜨거운 것이 함께 있다. 두 번째는 국물이 있다는 것인데, 시고 달고 맵고 짠 맛이 모두 들어 있다. 세 번째는 요리가 나오는 순서에 몹시 엄격한 규정이 있다.

수석은 주요리가 나오기 전에 속칭 '삼팔석' 이라고 하여 8가지씩 3세트가 나온다. 음식이 상에 나오는 순서도 엄격하여 먼저 여덟 가지의 찬 음식이 안주로 나오는데, 이 여덟 접시는 모두 가운데에 육류를 놓고 양옆에 야채를 놓

진부동의 메뉴
"천하 제일 연회, 쉐이시는 정말 다르다"라는 홍보 문구. 낙양수석의 주요리인 16가지의 요리 이름이 있다.
진부동의 '부' 자를 고대의 솥인 鼎(정)의 모양으로 디자인한 센스가 돋보인다.

아, 여덟 접시에 담긴 요리가 도합 24가지가 된다. 양은 많지 않고 맛·색·향을 모두 느끼도록 배열하였다.

이는 서양 음식의 애피타이저 구실을 하는 것 같다. 그런데 모두 차가운 음식이기 때문에 냉채冷菜라고 한다. 보기 좋은 떡이 먹기도 좋다고 했던가? 첫번째 세트부터 온갖 색깔을 다 맞추고, 또 육류·어류·야채·열매·뿌리, 그야말로 육해공이 다 동원된 듯하다. 식탁을 돌려 가면서 어떤 맛인지 궁금하여 조금씩 먹어 본다. 입맛에 맞는 것도 있고 맞지 않는 것도 있었는데, 우리는 잘 먹지 않는 살구씨를 요리해 먹는 것이 신기하였다. 살구씨 가루 팩도 있던데 이거 많이 먹으면 예뻐지려나? 이런 농담들을 주고받으며 이것저것 맛탐색을 해 본다.

이 여덟 접시의 안주로 손님들이 술을 세 순배 정도 하였을 즈음에, 이번에는 뜨거운 음식인 주요리가 나온다. 주요리는 모두 16가지다.

낙양의 전통 음식으로 가장 유명하고 역사가 유구한 옌차이(燕菜)가 등장하였다. 전하는 바에 따르면 측천무후가 낙양에 거할 때 동쪽의 농가에서 몇십 근의 무게가 나가는 큰 무가 자랐다. 농부가 신기한 물건이라 여겨 측천무후에게 헌상하였고, 궁정 요리사가 이를 썰어 요리를 하였다. 여황제가 맛있게 먹고 나서 제비집 요리 같다고 칭찬을 아끼지 않아 '옌차이'라는 이름이 생겼다고 한다. 후에 민간에 전해져 낙양 사람들이 즐기는 요리가 되었다. 1973년에 주은래周恩來 총리가 캐나다 총리를 대동하고 낙양의 이 식당에 왔을 때, 왕장생과 이대웅이라는 유명한 요리사가 옌차이를 두 총리에게 대접하였다. 이때 요리 속에 계란으로 모란꽃을 만들어 넣었는데, 주 총리가 이를 보고 '무단

무단옌차이

옌차이(牡丹燕菜)'라고 칭찬하여 이때부터 '무단옌차이'가 중국과 외국에서 모두 유명해지게 되었다고 한다. 식당 한쪽에는 주 총리가 캐나다 총리 일행과 함께 왔을 때 찍은 사진이 걸려 있다. 이 식당에서는 모란을 계란 노른자로 장식하고 있다. 너무 예뻐서 먹기 아까울 정도다. 무로 제비집 맛을 냈으니 가히 음식의 천국인 중국에서나 가능한 일일 것이다.

이 멋진 음식과 세트로 나오는 음식을 낙양육편洛陽肉片이라고 하는데 돼지고기로 만들었다. 중국 음식에서 이름 중에 그냥 고기 육肉 자가 들어가면 무

조건 돼지고기다. 이는 중국 음식의 육류 중에서는 돼지고기가 대표적이기 때문인데, 돼지고기 이외의 고기는 쇠고기면 우육牛肉, 닭고기면 계육鷄肉, 양고기면 양육羊肉이라고 한다. 그러니 우리가 좋아하는 탕수육의 주재료는 물론 돼지고기다. 함께 나온 음식은 시라위피엔[西辣魚片]인데 주재료는 중국어로 차오위[草魚]라고 하는 산천어다. 산천어는 어떤 물고기인가? 1급수에서만 산다고 하는 귀한 물고기다. 매운 고추로 맛을 내었지만 생선 맛이 무척 담백하다. 중국인들은 일반적으로 바다 생선보다는 민물 생선을 더 많이 먹는다. 그래서 우리나라에 와서 바다 생선을 먹는 것을 보면서 신기해하는 사람들도 많다.

아직도 잊을 수 없고 생각만 해도 침이 고이는 음식 가운데 미즈런션궈[蜜汁人參果]가 있다. 이름 그대로 꿀처럼 달콤한 맛인데, 명칭은 인삼과로 되어 있지만 그 인삼 맛이 나는 것을 고구마로 만들었다는 데 모두들 경악을 금할 수 없었다. 역시 중국인다운 발상과 손맛이다. 우리끼리는 이것에 '가짜 인삼탕'이라는 이름을 붙였다.

미즈런션궈

미지요우만쟝홍[米酒滿江紅]은 이름도 맛도 예쁜 음식으로 우리나라의 단술 맛이 나는데, 색깔이 온통 발그레한

미지요우만쟝홍

것이 마구 먹고만 싶던 요리다. 붉은색은 산차라는 열매로 만들어 냈다고 한다. 우리 일행은 두 식탁으로 나뉘어 만찬을 즐겼는데, 아마도 제일 많이 먹은 음식이었던 것 같다. 남는 것이 아까워 싸 달라고 해 가져왔지만 그다음 날도 계속 맛있는 음식이 많아서 결국은 버리고 말았는데, 지금 생각하면 아깝기 짝이 없다. 이 하남 기행에서는 맛있는 것을 많이 먹었는데, 그 후의 거의 오지 탐험에 가까웠던 여행지에서의 음식들, 말린 당나귀 고기, 먼지 풀풀 나는 길가 식당에서의 기름 덩어리 음식 등을 먹지 않으면 안 되리라는 것을 미리 알았다면 아무리 배불러도 다 먹었을 것 같다. 다른 여행지에서의 음식과 비교할 때 낙양수석은 황제의 만찬에 비유될 만하다.

물 흐르듯이 나오는 음식이라지만 그 물살이 얼마나 빠르고 음식이 얼마나 많은지 음식 숫자 세는 것을 포기하는 수밖에 없었다.

위엔만루이탕

마지막으로 다섯 가지 요리가 더 나왔고, 대미를 장식한 음식은 위엔만루이탕(圓滿如意湯)인데 모든 것이 원만하고 뜻대로 되었으니 음식도 마지막이라는 뜻이다. 그래서인지 이 음식은 여러 가지 재료가 들어간 탕이고, 또 손님을 환송한다는 의미의 송객탕送客湯이라고도 한단다.

우리 일행이 낙양수석을 먹은 식당은 '진짜 다르다'는 뜻의 '진부동眞不同'인데 참으로 재미있는 이름이다. 진짜 다르다니, 뭐가 진짜 같지 않다는 것인지 모두들 궁금해하였는데 다 먹은 후에야 그 의미를 알 수 있었다. 수석의 특징은 가짜로 만드는 것, 즉 인삼을 고구마로 만든다든가, 고기완자를 당면으로 만든다든가 하였기 때문에 붙혀진 이름이다.

그런데 수석의 특징이 아무리 물 흐르듯이 나오는 것이라고는 하지만, 나온 음식을 다 음미하기도 전에 또 다른 음식이 계속 나오니 마음이 급하고 정신없었다. 한 분이 음식을 좀 천천히 가져오라고 부탁하시기에 종업원에게 이 뜻을 전달했더니 종업원 왈, "아니, 이 수석의 특징이 물 흐르듯이 나오는 건데 어떻게 멈출 수

진부동의 외부 정경과 내부 모습

가 있겠어요?"라고 정색을 하며 말했다. 그런데 요리를 다 먹자 우리가 외국인이라서 그랬는지 어쨌는지 모르겠는데, 기념으로 식당에 비치할 거라고 하면서 한 말씀 부탁한다고 모두에게 메모지를 한 장씩 주었다. 아까 종업원의 말이 생각나서 필자도 한마디 썼다.

"물이 흐르는 것은 분명하나 천천히 흐르는 곳도 있고, 빨리 흐르는 곳도 있는 법, 수석의 물 흐름도 이런 자연을 닮기를 바랄진저!"

이 시대에 만나고 싶은 사람
─목인석심

木人石心

나무나 돌처럼 마음이 굳다는 뜻으로 의지가 강하여 세속에 휩쓸리지 않는 사람을 가리키는 말.

木 : 나무 목
人 : 사람 인
石 : 돌 석
心 : 마음 심

'나무 인형에 돌 같은 마음'이라는 뜻으로 감정이 전혀 없는 사람을 비유하는 말인 '목인석심'은 본래는 권력이나 부귀, 여색 등 세속의 유혹에 빠지지 않는 심지가 굳은 사람을 가리킨다. 오늘날에는 뜻이 확대되어 남의 마음을 몰라주는 무정한 사람을 목석이라고도 한다. 이 '목인석심'이란 말은 유명한 두 사람과 관계가 있다. 《진서晉書 · 하통전夏統傳》에 나오는 이야기다.

진정한 멋쟁이─하통

서진시대에 강남 지역에 하통이란 사람이 있었다.

하통은 자는 중어仲御이고 회계 영흥永興 사람이었다. 어려서부터 가난하였지만 부모에게 효도하고 형제간에 화목하였다.

또한 공부를 많이 하여 학식이 뛰어났다. 하통의 재주와 학식이 널리 알려져 벼슬할 수 있는 기회가 많았지만 초야에 묻혀 살았다. 친척들이 바닷가에 나가 고기나 잡고 산속에서 약초나 캐며 고생하지 말고 벼슬할 것을 권하자, 더러운 관직 세계에 발을 담그느니 차라리 밭을 가는 것이 낫다고 말하며 이런 친척들과는 만나려고도 하지 않았다.

어느 해 삼월 초사흗날에 낙양의 낙하洛河 강변에서 버드나무가 초록빛으로 하늘거리고, 나들이객들은 다리에 서서 강물을 감상하거나 뱃놀이를 하였다.

서진의 태위太尉 가충賈充도 하인과 수하들을 거느리고 도성인 낙양 밖의 낙하에서 호화로운 배를 타고 봄놀이를 하고 있었다. 한창 봄빛을 즐기던 가충의 눈에 문득 한 인물이 들어왔다. 강 위에 작은 배를 띄우고 주위에는 아랑곳하지 않은 채 약초를 팔고 있는 사람이었다. 가충은 이를 이상히 여기고 말을 건넸지만, 하통은 처음에는 대꾸도 하지 않았다. 다시 묻자, 천천히 "저는 회계의 하통이라는 사람입니다" 하고 대답하였다. 호기심이 생긴 가충이 말했다. "그대는 강변 태생이니 배를 부리는 일

▲낙하공원
▼낙하

에도 능숙하겠구먼. 그 솜씨를 한번 보여 주지 않겠나?" 하통은 그러마 하고 답한 후 약초를 치우고 솜씨 좋게 노를 저어 나갔다. 너무나 훌륭한 솜씨에 가충은 넋을 잃었다. 하통이 돌아오자, 그에게 반한 가충이 다시 이 고장의 노래를 부를 수 있느냐고 물었다.

"제가 좋아하는 대우大禹와 효녀 조아曹娥, 의인 오자서伍子胥 세 분의 노래를 부르겠습니다."

하통이 대답하고는 발로 장단을 맞추며 노래하니, 듣는 사람의 가슴을 파고들었다.

보통 사람이 아니라고 생각한 가충이 그에게 벼슬할 생각이 없느냐고 묻자, 그때부터 하통은 입을 굳게 다물고 아무 말도 하지 않았다.

가충은 '이자는 매우 청렴하니 내가 다른 수단을 써야겠다. 위엄을 보여 주고, 그도 안 되면 아름다운 미녀들을 안겨 주자. 그러면 설마 마음을 안 돌리겠어?' 하고 생각했다.

그리하여 그는 하인에게 분부하여 자신의 시위대 중에서 잘생긴 병사 몇 명을 뽑아 위풍당당히 하통에게 세를 과시하였다. 또 이어 화장을 예쁘게 한 미녀들을 불러낸 뒤 하통을 에워싸고 지분 향내를 뿜어 내며 하통이 미색에 탐닉하게 하였다.

그러나 가충이 어떤 방법과 수단을 써도, 하통은 시종일

관 얼굴색 하나 변하지 않았다. 그저 묵묵히 배 안에 앉아 있는 그의 얼굴빛의 고요함과 냉정함이 마치 주위에 아무도 없는 듯하였다.

이렇게 되고 보니 가충은 분노가 치밀었지만 어쩔 수가 없었다. 그는 결국 "이자는 나무나 돌과 같은 마음을 지닌 '목인석심' 이로군. 모든 사람이 가지고 있는 감정이란 게 없어" 하고 감탄하면서 자신의 행동에 대해 부끄럽게 생각했다.

악랄한 황후 가남풍과 그의 부친 가충

하통에게 관직을 주려고 했던 가충(217~282)은 평양(平陽 : 지금의 산서성 양분) 사람으로 자字는 공려公閭이고 서진 왕조의 개국공신이었다. 그의 아버지는 위나라의 예주자사豫州刺史 가규賈逵로 집안 대대로 명문가였다. 일찍부터 사마씨司馬氏가 나라를 세우는 데 혁혁한 공을 세웠다. 사마소司馬昭의 명을 받아 조모曹髦를 죽였다. 사마염(司馬炎 : 진 무제)이 황제가 되자 고관의 직위에 오르고, 딸 가남풍賈南風을 황태자 사마충(司馬衷 : 후의 혜제)의 비로, 또 다른 딸은 제왕齊王 사마유司馬攸의 비로 보내 외척으로서의 자리를 굳혔다. 오나라를 토벌할 때 총사령관직을 맡았고 두예杜預 등과 함께 《진율령晉律令》을 편찬하기도 했다.

진 혜제 사마충이 백치였기 때문에 그의 부친 진 무제는 임종이 가까워지자 국가의 대사를 태위太尉 양준楊駿에게 부탁하고 태자를 보좌해 줄 것을 당부하였다. 무제가 죽자 양준이 권력을 독점하기 시작했다.

그런데 진 혜제의 황후 가남풍은 잔인하고 수법이 악랄한, 권력욕이 매우 강한 여자였다. 게다가 천하의 박색이었다고 한다. 그래서 진 무제도 "못생기고 작달막하고 얼굴도 새까맣다"고 하였다. 아마도 태자가 백치인 데다가 아버지 가풍이 있어 태자비가 되었을 것이다. 태자비일 때는 질투로 궁녀 몇 명을 죽이고 임신한 첩에게 창을 던져 유산하게 만들기도 했다. 그녀는 양준이 정권을 조종하는 것을 바라만 보고 있지 않았다. 마침내 그녀는 초왕 사마위司馬瑋에게 군사를 이끌고 조정에 들어와 양준과 그의 삼족을 죽일 것을 명했다.

양준이 죽자 가황후는 여남왕汝南王 사마량司馬亮에게 정권을 보좌해 줄 것을 부탁하였다. 그러나 사마량 역시 권력을 좋아하는 사람으로 가황후의 꼭두각시가 되기를 원치 않았다. 이리 되자 가황후는 곧 진 혜제를 시켜 사마위를 보내 사마량을 죽이게 하였다. 그리고 사마량이 죽자, 가황후는 이번에는 혜제가 명령을 내린 적이 없고 오히려 사마위가 거짓으로 임금의 성지를 위조하였다고 누명을 뒤집어씌워 그도 죽여 버렸다. 이렇게 하여 가황후가 모든 대권을 장악했다.

　권력을 독점한 지 7, 8년이 되자 가황후는 오만 방자하게 횡포를 부리며 도리에 어긋나는 짓만 하였고, 또 국가 통치 면에서도 뛰어난 역량을 발휘하지 못하였다. 태자 사마휼이 무척 총명하였다. 가황후는 태자가 자라면 자신의 지위를 지키지 못하게 되지 않을까 두려워 그를 폐하고 사람을 보내 독살하기까지 하였다. 그리고 그녀의 아들을 태자로 삼았다. 이 소식이 밖에 알려지자, 서진의 황족들이 가황후가 사마씨의 권력을 찬탈했다며 격분하였다. 그리고 그녀에 저항하기 시작했다. 조왕趙王 사마륜司馬倫이 가황후가 태자를 죽였다는 구실로 군사를 이끌고 조정에 들어가 그녀를 죽였다. 이어서 그는 혜제를 폐위시키고 스스로 제위에 올랐다.

　그러자 각지의 제후왕들이 조왕 사마륜이 황제 자리에 올랐다는 소식을 듣고는 모두 이 보좌를 손에 넣으려 했다. 그리하여 제후왕들 사이에 서로 죽고 죽이는 양상이 전개되었다. 이 혼전에는 모두 8명의 제후왕이 뛰어들었다. 역사에서는 이를 팔왕의 난(八王之亂)이라 일컫는다.

　팔왕의 난은 16년간 지속되었다. 서기 306년이 되자 팔왕 중 일곱 명이 죽었다. 끝까지 살아남은 동해왕 사마월이 복위된 진 혜제를 독살하고 혜제의 동생 사마치司馬熾를 황제로 세우니, 이가 바로 진 회제晉懷帝다.

결국 가충은 사마씨를 도와 서진의 개국공신이 되었으나, 그의 딸 가황후의 폭정은 서진이 멸망의 길로 들어서는 단초를 제공해 주었다.

명문가 출신으로 세력이 하늘을 찌를 듯한 가충이 벼슬자리를 준다고 해도 눈 하나 깜박하지 않고 이를 거부했던 하통은 얼마나 대단한 사람인가? 그리고 가충이 '목인석심'이라고 평했지만 하통이 감정이 없었던 것이 아니라 자신의 몸을 깨끗이 하려고 했던 것이다. 관료들과 더러운 흥정을 하지 않으려 했던 것이다.

유혹은 언제나 있는 법이고 환경을 탓할 일이 아니다. 연꽃은 진흙 속에서 나와도 흙 한 점 묻히지 않고 아름답게 피어난다. 우리에게는 유혹을 거절할 수 있는 높은 절개가 없을 뿐이다. 그러나 자신을 사랑하는 사람은 어떠한 환경에서도 시류에 휩쓸리지 않고 자신을 잃지 않는다.

'목인석심'이 어떤 유혹에도 흔들리지 않는 부동심不動心을 뜻하는 데 비해, 목석은 이해관계에 빠르지 못한 바보 같은 사람이나 남의 마음을 몰라주는 무정한 사람을 뜻하는 말로 흔히 통용되고 있다. 나무와 돌이 주는 이미지는 듬직하고 묵묵하고 어떠한 풍상에도 견딜 수 있는 꿋꿋함이다. 오히려 풍상을 거치면서 나무와 돌은 그 진가가 드러난다. 이런 나무와 돌을 닮고 싶다.

삼문협에서 사라진 괵나라를 애도하며

─순망치한

脣亡齒寒

입술이 없으면 이가 시리다는 말로 서로 떨어질 수 없는 밀접한 관계라는 뜻.

脣 : 입술 순
亡 : 잃을 망
齒 : 이 치
寒 : 찰 한

'순망치한' 이란 '만일 입술(脣)이 없으면(亡) 이(齒)가 시릴(寒) 것이다' 라는 말로, 양자의 관계가 밀접하여 한쪽이 망하면 다른 한쪽도 커다란 영향을 입게 된다는 뜻이다.

이 고사성어는 춘추시대 우虞나라의 대부 궁지기宮之奇가 국왕에게 간하면서, "우나라와 괵虢나라는 마치 입술과 이가 의존하고 있는 것과 같습니다. 만일 입술을 잃게 된다면 치아가 바로 드러나게 될 것입니다"고 말한 데서 유래하였다.

원래 우나라와 괵나라는 약소국가들이고 서로 영토가 근접해 있어 지리 형세상 서로 보조하고 도와 주는 극히 밀접한 관계에 있었다. 당시 진晉나라가 괵국을 공격하고자 하였는데, 우나라는 진나라에서 가깝고 괵나라는 진나라에서 멀리 떨어져 있었다. 진나라는 괵국에 파병을 하려면 반드시 우나라 국경 안을 통과하여야만 했기 때문에 우나라에 길을 빌려 달라고 하였다. 만일 그렇게만 해 준다면 굴산(屈山 : 현재 산서성 석루현 동남쪽) 지역에서 생산되는 좋은 말[馬]과 수극(垂棘 : 현재 산서성 임분현)에서 생산되는 보물인 옥벽玉璧으로 보답하겠다고 하였다.

우나라의 국왕은 세상 물정을 모르는 사람으로 두 나라의 지리 형세와 국방상의 이해관계를 생각지도 않고 오로지 진나라에서 준다는 재물과 선물에만 마음이 혹하여 진나라의 요구를 들어주기로 응답하였다.

우나라의 대부인 궁지기는 진국의 속셈을 알아차리고는 급히 국왕을 알현하고 결사반대의 의견을 말하였다.

"전하, 진나라에 길을 빌려 주시는 것은 천부당만부당한 일이옵니다. 우나라와 괵나라는 영토가 붙어 있을 뿐만 아니라 이해관계상으로도 마땅히 서로 도와야 합니다. 진나라가 만일 군대를 파견하여 괵국을 친다면 괵국은 멸망할 것이며, 그렇게 되면 저희 우나라의 운명 역시 바람 앞의 등불 같은 처지에 놓일 것입니다. 이러한 형세는 마치 입술을 잃으면 이가 드러나는 것과 같습니다. 고립되어 원조를 청할 데가 없는 것과 마찬가지입니다. 그러므로 현재의 상황에서 전하께서는 진나라에 이러한 기회를 절대로 주셔서는 안 되며, 또 마땅히 괵국에 파병하여 원조를 하셔야만 합니다. 전

하께서 모쪼록 신중하게 생각에 생각을 거듭하셔야 될 줄로
사료되옵니다."

그러나 우나라의 국왕은 진나라에서 주겠다는 재물에 눈
이 멀어 궁지기의 충언을 받아들이지 않고 진나라에 길을
빌려 주마고 허락하였다. 궁지기는 하는 수 없이 가족들을
데리고 우나라를 떠났다.

그해 겨울에 진나라의 대군이 우나라를 통과한 뒤 과연
힘 하나 안 들이고 괵나라를 멸망시켰다. 진나라 대군은
개선가를 부르면서 다시 우나라를 통과하여 귀환하게 되
었는데, 우나라가 아무 방어 태세도 갖추지 않은 것을 보
고는 그 서울을 공격해, 우나라 역시 괵국과 함께 진나라
에 멸망당하였다.

괵국과 괵국박물관

괵국은 지금의 하남성 삼문협三門峽시에 위치하고
있었고, 또 오늘날의 곽郭씨의 발원지이기도 하다.
괵虢과 곽郭의 중국어 발음은 모두 궈(guo)이다. 괵성
은 본래 주 문왕 희창姬昌의 친척인 괵중虢仲과 괵숙虢
叔이 그 선조다. 고대 중국에는 성姓은 물론이고 씨氏
도 있었는데, 성은 일종의 족호族號이고 씨는 성의 분
파라고 볼 수 있다. 그래서 성은 불변이고 씨는 자립

괵국박물관

곽국박물관 벽면 부조

할 수 있다. 곽에서 나온 곽씨 성은 현재 중국에서 18번째로 많은 성씨다. 중국과 대만, 그리고 해외에 있는 곽씨 성을 가진 사람들은 이 삼문협으로 자신의 뿌리를 찾으러 온다.

곽국은 서주 초기에 제후국으로 분봉되었다. 후에 주나라가 동천東遷한 후 주 왕실을 도운 것은 정鄭나라였다. 그러나 평왕平王의 손자인 환왕桓王이 즉위하자 세력이 비대해지는 정나라를 거북하게 생각하고 더 작은 나라인 곽을 중용하게 되었다. 힘이 약했던 주 왕실의 권력의 밸런스 게임이라고 볼 수 있다. 그래서 실력 이상으로 중용되었는데, 그 곽공가虢公家의 묘 234기가 삼문협 상촌령上村嶺에서 발굴되었고, 그 안에 여러 가지 중요한 발굴품이 있었다. 그중 한 기에서 '곽태자원도과虢太子元徒戈'라는 명문이 있는 청동기가 발견되었다. 부장품은 7점의 동정銅鼎, 6점의 청동솥인 동력銅鬲, 궤簋, 그리고 마차 10량과 말 20필이었다. 또한 단검 2자루도 출토되었는데, 이는 낙양 중주로中州路에서 출토된 상아 칼집의 단검과 함께 중국에서 가장 오래된 것이다. 또한 삼면 청동거울도 출토되었는데, 이것도 중국에서 시대를 확정할 수 있는 가장 오래된 거울이다. 이 묘에서 동

경이 출토됨으로써 중국의 동경 사
용 연대가 200년 이상 소급되었다.
괵나라가 진나라에 멸망당한 것은
《사기·십이제후연표十二諸侯年表》에
의하면 기원전 655년의 일이므로 삼
문협의 묘는 분명히 그 이전의 것이
었으리라.

발굴된 괵공가의 묘

현재 춘추시대 괵국의 성쇠를 묵
묵히 말하여 주고 있는 것은 삼문협시 육봉북로六峰北路에
있는 괵국박물관이다. 괵국박물관의 특징은 발굴 현장에 세
워졌다는 것으로, 지하에서 발굴된 그대로 보존되고 있다.
그 안에서 출토된 문물은 약 3만 종으로 '20세기 하남성 10
대 중요 고고 발견'의 하나다. 특히 거마갱은 서안의 진시
황의 병마용보다 6, 7백 년이 앞선 것으로, 최초로 실제 마
차와 말이 부장품으로 묻힌, 규모가 가장 큰 지하 거마 군단
이라고 볼 수 있다.

사전 지식이 많지 않은 상태에서 둘러본 괵국박물관은 많
은 것을 생각하게 해 주었다. 진시황의 병마용보다 6, 7백
년이나 앞선 지하 거마갱을 보면서 세월의 무상함을 느꼈
다. 이렇게 거대한 지하 무덤을 만들 수 있었던 군왕도 땅속
에 묻힌 채 오랜 세월 동안 사람들의 기억 속에서 사라지지

괵국박물관 소장품

않았던가? 굳이 이백의 "천지는 만물의 여관이요, 세월은 영원한 나그네다〔天地者, 萬物之逆旅, 光陰者, 百代之過客〕"라는 말이 아니더라도, 우리는 영원한 시간 속의 하나의 작디작은 점에 불과할 뿐이다. 지하인 탓도 있었겠지만 이런 사념이 들면서 몹시 추워졌다.

양귀비의 언니 괵국부인

황하를 사이에 두고 하남성과 산서성에 남괵과 북괵이 있었지만 실은 하나의 괵국이었다고 봐야 한다. 우리에게 사라진 괵국 이름을 널리 알린 것은 아마도 '괵국부인'일 것이다. 괵국부인은 이전의 괵국 지역인 산서성 예성 사람이라서 괵국부인으로 봉해졌다.

괵국부인은 양귀비의 언니로 재주가 뛰어나고 용모가 아름다웠다. 커서 배씨 집안으로 시집을 갔으나 남편이 일찍 죽었다. 양귀비는 당 현종의 총애를 한 몸에 받게 되자 언니들이 보고 싶어 황제에게 괵국부인과 또 다른 두 언니를 장안으로 불러들이게 하였다. 현종은 이 자매들에게 집을 주고, 천보 초년에 큰언니는 한국韓國부인, 셋째 언니는 괵국부인, 여덟째 언니는 진국秦國부인에 봉하였다. 그리고 세 부인이 마음대로 궁을 드나들 수 있도록 허락하여, 공주들마저 이들에게 예의를 표하였다. 언니들뿐만이 아니라 오빠들도 양귀비를 등에 업고 위세를 부리며 극도로 사치스런 생활을 하였다. 특히 괵국부인의 사치가 가장 심했다고 한다.

안록산의 난 때 양귀비가 마외파馬嵬坡에서 죽자 괵국부인은 자식들과 함께 도망을 친 뒤 자살을 기도하였으나 실패하고 진창陳倉 현령에게 붙잡혔다. 그리고 감옥에 있다가 피가 목에 걸려 질식사하여 진창 교외에 매장되었다.

양귀비는 현종으로 인해 이름을 얻었고, 괵국부인은 양귀비로 인해 이름을 얻었다. 괵국부인의 화려함을 보여 주는 자료가 있는데 바로 〈괵국부인 유춘도游春圖〉다.

이 그림은 천보 11년 당 현종의 총비 양귀비의 세 자매 중 괵국부인과 진국부인이 성대하게 차려입고 교외로 나들이 가는 장면이다. 사람과 말을 아주 세밀하게 표현하고 있

당 · 장훤張萱 · 〈괵국부인
유춘도游春圖〉

다. 모두 아홉 사람이 말을 타고 가고 있는데 세 단락으로 나누어 볼 수 있다. 앞의 말 세 필과 뒤의 말 세 필에는 시종들과 시녀, 그리고 보모가 타고 있다. 가운데 두 필의 말에 타고 있는 사람이 진국부인과 괵국부인이다. 그중 네 사람(어린아이를 포함하여)은 짧은 저고리에 긴치마를 입고 숄을 두르고 있다. 나머지 다섯 사람은 둥근 남성용 차이니즈 칼라의 도포 같은 것을 입고 있다. 괵국부인은 화면 중앙의 앞에 있는 사람으로 좁은 소매의 옅은 청색 저고리에 흰 숄을 두르고 있다. 화려한 붉은색 긴치마를 입고 있으며, 치마 밑으로 비단 신발이 있는데, 신발코는 빨간색이다. 진국부인은 오른쪽 뒤에 있는 사람으로 괵국부인을 바라보며 뭐라고 하고 있다. 이 그림으로 당시의 머리 스타일과 패션을 알아볼 수 있고, 또 당대에는 많은 여성이 말을 탈 줄 알았다는 것도 알 수 있다. 두 부인의 머리 스타일을 보면 앞쪽에 머리를 묶어 올렸는데, 이는 당나라 상류사회의 귀부인들 사이에 유행하던 머리 스타일이다. 이를 낙마落馬 머리라는 뜻인 '추마계墜馬髻'라고 하는데, 말을 타고 가다 보면 이 머리가 끊임없이 흔들거리는 것이 언제라도 말에서 곧 떨어질 것 같기 때문에 또 다른 별스런 멋이 있다.

이 그림은 인물의 내면 표현에 중점을 두고 선과 색조로 강하고 세밀하게 표현하였다. 농염하지만 우아함을 잃지 않

당나라 때의 괵국부인의 패션

고, 정교하지만 판에 박은 듯한 모습은 아니다. 전체 구도가 밀도 있고 아취가 있으며 사람들이 섞여 있는 모습이 아주 자연스럽다. 사람과 말의 움직임이 몹시 편안하여 봄나들이라는 주제와 잘 어울린다. 화가는 배경을 넣지 않고 단지 물감을 붓에 듬뿍 묻혀 색감을 표현함으로써 인물이 돌출되도록 하여 여백에서 청신함을 느끼게 해 준다. 그림은 가는 선을 사용하여 원만하게 표현하고 있으며, 필세가 수려하고 힘차다. 힘찬 가운데 아름다움이 녹아든다. 색을 사용함에 있어서도 전아하면서 화려하여 격조가 활발하며 명쾌하다. 그림 속에서 우리는 평화스럽고 자신감이 넘치며 낙관적인 성당盛唐시대의 풍모를 엿볼 수가 있다.

〈괵국부인 유춘도〉를 그린 화가는 장훤張萱이라고 한다. 아쉽게도 원본은 이미 없어졌고 우리가 볼 수 있는 것은 송대의 복각본이다. 장훤은 당 현종 때의 궁정화가로 궁중 인물, 특히 귀부인을 많이 그렸으며 당시에 천하 제일이라는 평을 받았다.

이 그림은 비단에 그려졌으며 세로 51센티미터, 가로 148센티미터다.

함곡관의 닭 울음소리
─계명구도

鷄鳴狗盜

고상한 학문은 없고 천박한 꾀를 써서 남을 속이는 사람을 이르는 말.

鷄 : 닭 **계**
鳴 : 울 **명**
狗 : 개 **구**
盜 : 훔칠 **도**

춘추전국시대에 '사군자四君子'라는 호칭이 있었는데, 제나라의 맹상군孟嘗君, 위나라의 신릉군信陵君, 조趙나라의 평원군平原君, 초나라의 춘신군春申君이 바로 그들이다. 그중 맹상군의 명성이 가장 높았으며 식객이 무려 3천여 명이나 되었다고 한다.

이름이 전문田文인 맹상군은 제나라의 재상을 지낸 정곽군靖郭君의 40여 자녀 중 서자로 태어났으나, 정곽군은 자질이 뛰어난 그를 후계자로 삼았다.

기원전 298년에 당시 대국이었던 진秦나라의 소양왕昭襄王이 제나라와 초나라의 연맹을 파기시키려고 맹상군에게 진나라의 수도인 함양咸陽에 와서 자기 나라의 재상직을 맡아 달라고 요청하였다. 그는 내키지는 않았으나 조국을 위해 수락했다. 맹상군은 식객 중에서 엄선한 몇 사람만 데리고 진나라의 도읍인 함양에 도착하여 소양왕을 알현하고 값비싼 호백구(狐白裘 : 여우 겨드랑이의 흰 털이 있는 부분의 가죽으로 만든 진귀한 갖옷)를 예물로 진상했다. 소양왕은 기쁘게 선물을 받아들였다. 그러나 맹상군을 재상으로 기용하려 하자 중신들이 반대하고 나섰다.

"전하, 그는 우리 진나라의 사정을 너무나 잘 알기 때문에 재상으로 중용하심은 우리나라를 위한 일이 아닌 줄로 아옵니다."

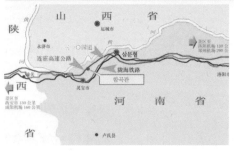

▲함곡관
▼함곡관 위치

그래서 약속이 깨졌다. 그렇다고 맹상군을 그냥 돌려보낼 수도 없어 연금을 하였다. 맹상군이 원한을 품고 복수를 꾀할 것이 틀림없다고 생각했기 때문이다. 그리고는 마침내 그를 은밀히 죽여 버리기로 했다. 이를 눈치 챈 맹상군이 궁리 끝에 소양왕의 애첩에게 무사히 귀국할 수 있도록 주선해 달라고 간청했다. 그러자 그녀가 엉뚱한 요구를 했다.

"내게도 소양왕께 진상한 호백구를 주시면 힘써 보지요."

맹상군은 이 말을 듣자 맥이 빠져 버렸다. 대체 당장 어디

함곡관 성루

서 그 귀한 호백구를 구한단 말인가. 그런데 맹상군을 수행한 식객 중에 도둑질에 능한 '구도狗盜'란 자가 있었다. 그가 이 사실을 알고는 그날 밤 궁중으로 잠입해 전날 소양왕에게 헌상했던 그 호백구를 감쪽같이 훔쳐 낸 뒤 그녀에게 주었다. 그러자 애첩이 소양왕에게 맹상군을 돌려보내 줄 것을 간청을 하였다. 소양왕은 애첩의 간청에 못 이겨 맹상군의 귀국을 허락했다. 맹상군은 일행을 거느리고 서둘러 국경인 함곡관函谷關으로 향하였다.

한편 소양왕은 맹상군을 놓아준 것을 크게 후회하고 추격병을 급파했다. 한밤중에 함곡관에 닿은 맹상군 일행은 거기서 더 나아갈 수가 없었다. 첫닭이 울 때까지는 관문을 열지 않기 때문이었다. 일행이 안절부절못하고 있는데, 동행한 식객 중에 소리 흉내를 잘 내는 '계명鷄鳴'이란 자가 있어 인가 쪽을 향해 첫닭 울음소리를 내었다. 이에 동네 닭들이 일제히 따라 울기 시작했다. 잠이 덜 깬 병졸들이 눈을 비비며 관문을 열자, 맹상군 일행은 함곡관 문을 나와 말에 채찍을 가하며 쏜살같이 어둠 속으로 사라졌다. 추격병이 관문에 닿은 것은 바로 그 직후의 일이었다.

함곡관에서 휴대전화를 받다

'계명구도'에 나오는 이 유명한 함곡관은 하남성 영보시靈寶市에서 북쪽으로 15킬로미터 떨어진 지점에 있는데, 남쪽으로는 험준한 진령秦嶺이 있고, 북쪽으로는 도도히 흐르는 황하가 있다. 함곡관은 깊고 험난한 산골 속에 묻혀 있는 것이 마치 함 속에 묻혀 있는 것과 같다 하여 이런 이름을 얻게 되었으며 중국에서 가장 오래된 유명한 관문이다. 주대周代에 이미 건설되었으니 중국의 '천하제일관'이라는 '산해관山海關'보다 몇 세기 앞서 만들어졌던 것이다.

함곡관은 수많은 병법가가 소홀히 볼 수 없는 중요한 군사적 요새였다. 진시황 6년(기원전 241), 초나라를 비롯한 5국이 합종연합하여 함곡관으로 쳐들어왔을 때도, 진나라는 함곡관의 천연적 지형에 의지하여 5국을 대패시켰다. 기원전 207년에 한나라의 유방劉邦 역시 진을 공격하려 하였는데, 함곡관이 천연 요새여서 돌파하기 어려움을 알고 있던 터라 함곡관을 돌아 무관武關을 경유한 뒤 관중關中을 공격하여 진나라를 멸망시킬 수 있었다. 또한 근대에도 일본군에 대항하는 항전이 함곡관에서 벌어졌다. 이렇게 함

▲함곡관에 있는 노자 조각상
▼함곡관 벽면에 쓰여 있는
노자의 《도덕경》

계명대

계명대 안내문

"계명대에 오르면, 당신도 맹상군처럼 큰 복을 누리
고 귀인을 사귀게 될 것이다" 라는 내용의 안내문

곡관은 늘 전세의 승패를 쥐고 있었다.

　함곡관에 이르면 '函谷關'이라는 오래되고 힘 있는 세
글자가 우리를 맞이한다. 관문의 누각에 올라서면 이 골짜
기가 얼마나 험난한지 한눈에 내려다보인다.

　함곡관은 군사적 요충지일 뿐만 아니라 고대에는 중원 지
역과 서북 지역의 문화적 · 경제적 교류의 중요한 지점이기
도 하였다. 또한 위에서 말한 계명구도 외에도 '노자가 함

곡관을 넘다〔老子過關〕', '공손公孫의 백마론白馬論', '당 현종
개원改元' 같은 역사적 이야기가 이 함곡관과 관련이 있다.
당 태종, 당 현종, 사마천, 이백, 두보, 백거이, 사마광司馬光
같은 유명 인사들이 함곡관에 와서 시를 지었는데, 현재 남
아 있는 것이 약 1백여 편에 이른다.

함곡관은 또 도교의 성지로 불리고 있으며 노자와 깊은
관계가 있다. 전해지는 바에 의하면 노자가 50여 세 때 푸른
소인 청우靑牛를 타고 고향을 떠나 서쪽으로 가기 위해 함곡
관을 나서려 할 때, 함곡관의 관리 윤희尹喜가 노자를 붙들
고, "저는 선생님을 하늘처럼 존경합니다. 부디 선생님의
가르침을 들려주십시오" 하고 간청하였다. 이에 노자가 자
신의 사상을 5천 자로 적어서 윤희에게 주었다고 한다. 노
자가 이때 적어 준 글이 바로 노자의 《도덕경道德經》이다.

한편 노자는 윤희에게 글을 적어 주고 함곡관을 지나간
뒤 다시는 돌아오지 않았다고 한다. 그래서 함곡관에는 노

〈노자수경도老子授經圖〉
춘추시대의 인물인 노자는
후대 도교 신도들에 의해
신격화되어 교주로 받들어
졌으며, 중국의 다원신多元
神 계통 안에서 중요한 자
리를 차지하고 있다. 이
그림은 노자가 소나무 아
래에 있는 평상에서 경經
을 강의하는 모습이다. 신
선의 풍채와 도사의 풍격
을 지닌 노자의 모습에서
'천존天尊'의 기품이 드러
난다.

자를 기리는 것들이 많이 있다. 태초궁太初宮 앞에는 팔괘정이 있고, 그 옆에 서책 형태를 취하며 길게 가로로 《도덕경》 5천 자를 벽에 새겨 놓았다. 태초궁의 서쪽에는 그 옛날 노자가 책상 대용으로 삼고 엎드려 도덕경을 썼다는 널찍한 돌이 하나 있는데 이를 '영석靈石'이라고 한다. 또 맹상군의 식객인 계명이 마을을 향해 닭 울음소리를 내었다는 '계명대鷄鳴臺'도 있는데, 물론 이런 것들은 후에 관광용으로 만들어진 것으로 보인다.

마치 함 속과 같은, 깊은 산속의 함곡관을 둘러보고 있는데 한국에서 휴대전화로 전화가 걸려 왔다. 함곡관에서 듣는 귀에 익은 전화벨 소리는 또 다른 느낌이었다. 중국의 첩첩산중에서 한국과 통화를 할 수 있다니……. 그것도 최고의 요새로 여겨지던 함곡관에서 말이다. 이것이 IT 강국의 힘이란 말인가? 가슴이 벅차올랐다. 그리고 닭 울음 대신 한국 가야금 전화벨의 여운을 남긴 채 함곡관을 돌아섰다.

닭의 머리가 될지언정 쇠꼬리는 되지 말라

─계구우후

鷄口牛後

큰 조직의 말석을 차지하기보다 작은 조직의 우두머리가 되는 편이 낫다는 뜻.

鷄 : 닭 계
口 : 입 구
牛 : 소 우
後 : 뒤 후

전국시대 소진蘇秦이 한韓나라 왕에게 했다는, "닭의 머리가 될지언정 쇠꼬리는 되지 말라"는 말에서 유래된 '계구우후'라는 고사성어는, 큰 집단의 꼴찌가 되어 좇는 것보다는 작은 집단의 우두머리가 되는 것이 오히려 낫다는 뜻이다.

소진과 장의張儀는 제나라의 귀곡鬼谷 선생 밑에서 함께 학문을 수학한 동문이었다. 소진은 여러 나라가 힘을 합쳐 진秦나라와 대항하여야 한다는 '합종合縱'을, 장의는 이에 반대하며 진나라를 섬겨야 한다는 '연횡連橫'을 주장하였다.

당시 진나라와 한나라 사이에 격렬한 전투가 벌어진 뒤, 진나라는 원교근공의 정책을 취하며 끊임없이 한나라의 영토를 잠식하고 있었다. 한나라 양왕 5년(기원전 307)에 진나라가 또 한의 의양宜陽을 점령하고 한군 6만 명을 전멸시켰다.

그 후에도 여러 차례 지금의 하남성 남양 지역인 완성宛城을 공략하고, 또 산서성의 임분 지역 2백 리까지 빼앗았다. 한왕은 나라가 점점 쇠퇴하는 것을 보게 되자 마음이 몹시 초조해졌다. 이때 소진이 알현을 청한다는 보고를 받게 되었다.

소진은 낙양 사람으로 여섯 나라를 통일할 수 있는 계책을 내놓으며 진의 혜왕惠王을 설득했지만 쓰임을 당하지 못하자 분하여 국경을 넘어 산동 지방의 여러 나라를 찾아다니며 진에 대항하라고 설득하였다. 한나라 왕은 소진이 왔다는 소리를 듣고는 몹시 기뻐하였다. 소진이 반드시 나라를 구할 방도를 알려 줄 것이라고 믿었기 때문이다. 이리하여 여러 대신들을 대동하고 교외까지 친히 나가 영접하였다. 그날 큰 연회를 베풀고 소진을 영빈관에 모신 후, 다음날 조정에서 한왕은 소진을 상석에 앉히고는 가르침을 청하였다. 소진이 말했다.

"대왕께서도 이미 천하의 정세를 알고 계실 것입니다. 한나라는 몹시 중요한 요새로 북쪽에서는 공(鞏 : 지금의 하남성 공현)과 낙수 두 지역이 견고한 병풍을 이루고 있고, 서쪽에서는 의양과 상판(商阪 : 지금의 섬서성 상현 동쪽)이 요새를 이루고 있으며, 동쪽에는 완(宛 : 하남성 남양)과 양(穰 : 하남성 등현)과 유수洧水가 있고, 또 남쪽에는 경산이 있습니다. 한나라는 천 리나 되는 넓은 지역이고 병사도 수십만 명에 이릅니다. 천하의 강한 화살들이 모두 한나라에서 생산되고, 특별히 제작된 무기들은 견고하기 이를 데 없으며, 화살은 6백 보 밖에서도 백발백중이고, 병사들이 갖고 있는 검과 창 모두 한나라에서 생산되는 것입니다. 또한 방패와 갑옷도 견고합니다. 한나라의 병사들은 모두 용감한 데다가 이렇게 견고한 갑옷을 입고 있어 어떠한 화살과 창도 막아 낼 수 있기 때문에 일당백이라고 생각됩니다. 이처럼 강대한 한나라에 대왕처럼 현명하고 위엄이 있는 왕이 계시고 신하들이 사방에 있는데, 한나라 땅에 진나라를 위한 궁실을 짓고 진의 법도에 따라 제약을 받으며 일 년 사시사철 진나라의 조상을 위한 제사에 공물을 바친다니, 이것이야말로 나라의 수치가 아니고 무엇이란 말입니까? 반드시 천하 사람들이 비웃을 것입니다. 대왕께서 심사숙고하시기 바라옵니다."

소진은 기름을 바른 듯이 세 치 혀를 매끄럽게 놀리며 끊임없이 유세를 하였다.

그러자 한왕이 고개를 연신 끄덕였다. 소진은 기회를 놓치지 않고, "만일 대왕께서 진나라를 섬기신다면 진은 반드시 의양과 성고城皋 땅을 달라고 할 것입니다. 그런 후에는 또 다른 땅을 요구할 것입니다. 대왕마마의 국토는 한정되어 있는데 진나라의 욕심은 끝이 없습니다. 이것이 바로 사람들이 말하는 돈 주고도 원한을 산다는 것과 같은 이치로,

도리어 화를 불러일으킬 것입니다" 하고 말했다.

여기까지 듣고 난 한왕은 두 눈을 부릅뜨고 살기가 등등한 채 계속 말할 것을 재촉하였다. 소진이 이어 말했다.

"옛말에 '닭의 머리가 될지언정 소의 꼬리는 되지 말라〔鷄口牛後〕'는 말이 있습니다. 대왕께서 진나라를 섬기시는 것이 '소의 꼬리'가 되는 것과 어찌 다를 바가 있겠습니까? 신이 생각하기로 대왕마마의 현명하신 덕과 그 휘하에 있는 수십만의 정예 군사들을 소의 꼬리라는 이름으로 전락키는 것은 실로 대왕마마의 수치입니다."

한왕은 여기까지 듣고는 즉시 소진의 '합종'을 따르기로 결심하였다.

소진이 계속하여 위·제·초나라 등으로 유세를 다니며 군왕들을 설득해, 여섯 나라가 맹약을 맺어 힘을 합치게 되었다. 그리하여 소진은 그 맹약의 우두머리가 되고 6국의 재상을 겸하게 되었다. 소진은 최고의 외교관이고 당시의 국제인이라고 할 수 있다.

황제의 고향 — 신정

한나라가 있던 곳은 지금의 하남성의 성도省都인 정주시 아래쪽에 있는 신정新鄭이다. 신정은 상고시대에는 유웅有熊이라 불렸으며, 헌원軒轅 황제가 이곳에 도읍을 세웠다고

한다. 제곡帝嚳시대에는 신정은 축융씨祝融氏
의 나라였고, 서주시대에는 회국郐國이었다.
기원전 770년 정鄭나라가 수도를 지금의 신
정 진유수溱洧水 근처로 옮긴 뒤 395년 동안
정鄭이라고 불렸다. 기원전 375년에 한韓의
애후哀侯가 정나라를 멸망시킨 후 이곳을 수
도로 삼아 145년 동안 정현으로서 그 역할
을 했다. 기원전 221년에 진시황이 6국을
통일하고 군현제를 실시할 때 섬서성의 정현과 구별하기

곽말약이 쓴 황제릉

위해 이곳을 신정현新鄭縣으로 개칭한 뒤 지금까지 이 이름
이 쓰이고 있다.

신정에는 현재 황제의 고향이란 뜻의 '황제고리黃帝故里'
를 위시하여 4대 관광 노선이 있는데, 관광과 중국인의 뿌
리 찾기를 결합시킨 새로운 관광 코스이다. 신정시 헌원로軒
轅路에 위치한 황제고리는 염황炎黃의 자손인 중국인들이 뿌
리를 찾아 조상을 숭배하는 성지로 추앙받고 있다. 황제고

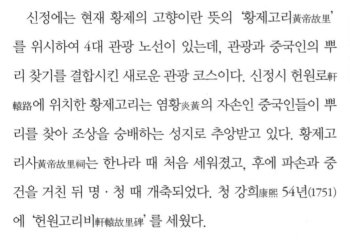

신정에 있는 헌원 황제상

리사黃帝故里祠는 한나라 때 처음 세워졌고, 후에 파손과 중
건을 거친 뒤 명·청 때 개축되었다. 청 강희康熙 54년(1751)
에 '헌원고리비軒轅故里碑'를 세웠다.

신정시 인민정부는 중화 민족의 전통문화를 발양하고 시
조의 공덕을 기린다는 명목하에 이 지역을 모두 6개의 구역

헌원고리

으로 확장 건설하였다. 사당 앞에 광장이 있는데, 여기에 그
야말로 산 같은 4층 높이의 '염황이제炎黃二帝'라는 어마어
마한 석상이 있었다. 이것이 신정시의 상징물이라고 했지
만, 필자는 이것을 보고 괜히 심통이 나서 사진을 찍을 마음
도 내키지 않았다. 그야말로 중국인의 발상이 아니고는 상
상하기 힘들 정도의 크기였다. 사당 가운데에는 전문前門 ·
정전正殿 · 배전配殿이 있는데, 정전의 중앙에도 커다란 헌원
황제의 상이 있다. 사당 뒤에는 황제보정단黃帝寶鼎壇이 있고
구정九鼎을 세워 놓았다. 황제보정은 중궁에 놓여 있는데 무
게가 24톤이나 되어 《기네스북》에 등재를 신청했다고 한다.
나머지 8개의 정鼎은 팔괘에 따라 배열되어 있다. 구정 앞돌이 깔린 길에는 중국 5천 년 역사의 대사건들이 새겨져 있고, 양쪽에는 조선족을 포함한 56개 민족의 토템 기둥이 세워져 있다. 조선족의 토템이 무엇이었는지는 생각이 나지 않지만, 어떻게 조선족의 것을 이곳에 함께 배열할 수 있단 말인가? 이런 생각에 이곳을 둘러보는 내내 마음이 편치 않았다.

▲신정시에 있는 염황이제상
▼성씨벽
3천 개의 중국 성씨를 새겨 넣었다.

특히 이 지역은 1996년 말에 '정주시 애국주의 교육기지'로 명명되었는데, 그들은 "황제고리에서 진행된 뿌리 찾기와 조상숭배를 주제로 하는 애국주의 교육 활동은 중화민족 문화를 드높이고 국내외 염황 자손을 단결시키는 데 거대한 공헌을 하였다"고 자랑하고 있다.

이뿐만이 아니다. 정주시에서 1시간쯤 가면 황하풍경명승지가 있는데 산 하나를 통째로 조각해서 만든 황제·염제상이 있다. 그 높이가 무려 106미터에 이른다. 이는 미국의

정주시 황하풍경 지역에
있는 염황이제상

자유의 여신상보다 8미터 더 높다고 한다. 20년의 공사 끝에 2007년 4월에 완공되었다. 이 거대한 조각상 아래에도 중국 56개 민족의 유래와 상징 기호가 새겨져 있었다. 조선족의 상징 기호는 장고였다. 56개 민족이 모두 염제와 황제의 자손이라는 메시지를 전하고자 하는 의도를 읽을 수 있었다. 동양인과는 전혀 다른 모습을 한 러시아 민족과 위구르 민족이 황제와 염제의 자손일 수는 없는 일인데……. 쓴웃음이 나왔다. 그래서 그런지 염제·황제의 모습이 요즘은 동양인의 모습보다는 코도 높고 눈도 큰 서양인으로 변하는 것 같다.

중국인들의 또 다른 대대적인 '신화의 역사화' 현장을 둘러보고 나오는 길은 착잡하기 이를 데 없었다. 그러던 중에

상점 앞에 나란히 앉아 있는 천진난만한 중국 아이들을 발견하였는데 얼마나 귀엽던지……. 방금 보고 나온 거대하게 조성된 물건들을 머리에서 지우듯이 아이들을 보며 마음을 달랬다. 세상의 모든 애들은 우리의 희망이고 꿈이다. 그러나 이 애들도 이런 만들어진 역사 현장을 보며 역사를 배워 나가겠지 하는 생각이 들자 다시 마음이 착잡해졌다.

중국 어린이

중국 옷을 입고 있는 어린이

악비는 중국의 민족 영웅인가?
—진충보국

盡忠報國

충성을 다해 나라의 은혜에 보답한다는 뜻.

盡 : 다할 (진)
忠 : 충성 (충)
報 : 갚을 (보)
國 : 나라 (국)

항주 악비 사당 벽에 쓰여있
는 진충보국

'진충보국' 이라는 고사성어는 악비 岳飛를 대표하는 동시에 중국인들의 마음속에 악비와 함께 영원히 간직되어 있는 말로 '온 마음을 다하여 나라에 충성을 다한다' 는 뜻이다.

악비(1103~1142)는 금나라에 대항했던 남송의 명장으로 중국 민족의 영웅으로 추앙받고 있다. 자는 붕거鵬擧이고 하남성 안양시 탕음현湯陰縣 사람이다. 출생하던 해에 황하의 방죽이 터져 그의 고향에 큰 수해가 나는 바람에 집안 생활이 곤란하였다. 그는 어렸을 때부터 각고 노력하였고, 특히 병서 읽기를 좋아하였다. 그는 매우 힘이 세어 열몇 살 때에는 능히 삼백 근의 큰활을 쏠 수 있었다고 한다. 후에 악비는 고향의 어른인 주동周同이 무예가 출중하다는 소문을 듣고는 그를 찾아가 제자가 된 뒤 혹독한 훈련을 받고 훌륭한 궁수가 되어 어디서 활을 쏘아도 백발백중이었다.

서기 1122년 금군이 남하할 때 악비는 동경(지금의 개봉)에서 말단 관리로 일하고 있었는데 금군에 항전하기를 자원하였다. 몇 년이 지난 후 그는 종택 휘하의 장군이 되어 큰 신임을 받았다. 그는 병사들을 이끌고 몇 차례나 금나라 군사들을 물리치며 혁혁한 전공을 세웠다. 그의 부대는 규율이 엄격하기로 이름이 높았는데, '얼어 죽더라도 집을 허물어 때지 않고, 굶어 죽는다 해도 노략질은 하지 않는다'는 정신으로 무장되어 있었다. 사람들은 그의 군대를 '악가군岳家軍'이라고 불렀는데, 이것은 '악비의 군대'라는 뜻이다. 이들은 몹시 용맹무쌍하여 금나라 병사들은 악가군을 매우 두려워하였다. 금군들 사이에 '산을 옮기기는 쉬워도 악가군을 대적하기는 어렵다'는 말이 떠돌 정도였다. 금군에 대한 전투가 순조롭게 진행되어 갈 때, 송 고종과 간신 진회秦檜가 금군에 대항하는 악비의 역량이 커져 자신들의 통치를 위협할 것이 두려워 금나라에 화의를 청하였다. 송 고종은 12개의 금패를 가지고 악비 등에게 군대를 철수시키라고 명하였다.

1141년에 송 고종은 악비와 한세충韓世忠 등의 병권을 회수하고 금나라와 강화를 하였다. 또한 진회 등은 악비의 군대를 장악하고 주전파를 없애기 위하여 악비를 해칠 음모와 계략을 준비하였다. 진회는 그의 당파 사람인 만사설萬俟卨을 사주해 악비의 죄명을 날조한 상주문을 올리도록 함으로써 악비가 자발적으로 사임하도록 압력을 가하였다. 그런 후에 진회는 악비의 상사였던 장준張俊과 손을 잡고 악비를 무고하였다. 게다가 악비군의 부장인 왕귀 등을 사주해 악비의 아들 악운岳雲이 일찍이 장헌張憲에게 편지를 보내 비밀리에 병권 탈취 사건을 획책하였다고 참소하게 하였다.

막수유 — 있었을지도 모르는 죄

소흥 11년(1141)에 9월, 장헌이 먼저 옥에 갇히게 되었는데, 그는 죽으면서까지 그들이 날조한 것을 수긍하지 않았다. 10월에 악비와 아들인 악운 역시 감옥에 갇히게 되었다. 진회는 하주何鑄에게 심문하도록 명하였다. 하주가 악비의 옷을 갈기갈기 찢어 버리자 악비의 등에 '진충보국盡忠報國'이라는 문신이 보였다. 하주는 이를 보고 깜짝 놀라 감히 더는 심문할 수가 없었다. 그러나 진회가 다시 만사설을 파견하여 혹독하게 형을 가하며 모반을 꾀한 것을 실토하도록 하였지만, 악비는 끝까지 굴복하지 않았다. 최후의 공초를 보면 "하늘과 해가 밝도다"라는 말을 남기고 있다. 당시 정

의로운 몇몇 관리가 악비의 억울
함을 상주하였으나 그때마다 진
회의 모함으로 무산되었다. 노장
한세충이 참을 수 없어 친히 진회
를 찾아가 악비가 무슨 죄를 지었
는지 추궁하였다. 진회는 "악비가
장헌에게 편지를 보냈소. 비록 증

거는 없지만 어쩌면 이런 일은 있었을지도 모
르오" 하고 말하였다. 한세충은 노기등등해 "혹
시 있었을지도 모른다는 말을 천하의 어떤 사
람이 믿겠소" 하고 일갈하였다. 1141년 12월에
송 고종과 진회는 끝내 '혹 있었을지도 모른다'
는 뜻의 세 글자 '막수유莫須有'의 죄명을 뒤집

어씌워 악비를 독살하였다. 악비는 20여 세 때부터 종군한

▲악비·악운 부자의 묘
(항주 악비사당에 있다)
▼악비의 어머니가 악비 등
에 '진충보국' 이라고 새기
는 모습

후 계속 금에 대항하다가 겨우 39세의 젊은 나이에 희생되
었다. 아들 악운과 그의 수하 장헌도 참수당하였다.

위에서 언급한 악비의 등에 새겨진 '진충보국' 이라는 문
신은 중국에서 '악모자자岳母刺字' 라는 말로 더 유명하다. 물
론 정사에서는 찾아볼 길 없지만 전설로 내려오고 있다. 즉
그의 어머니가 악비의 아버지가 죽은 후 실질적으로 가장
노릇을 하며 삯바느질로 연명을 해 나갔다. 하루는 악비가

전장에 나간다는 소리를 듣고 그를 불러 바느질하고 있던 바늘을 화롯불과 등잔불에 달구어 가면서 악비의 등에 '진충보국'이라는 넉 자를 새겨 넣었다고 한다. 나중에는 이 진충보국이라는 말보다는 정충보국精忠報國이라는 말이 더 광범위하게 쓰이게 되었다. 그 이유는 당시 황제인 송 고종이 '정충악비精忠岳飛'라는 네 글자를 써서 악비에게 내렸기 때문이다. 그 후 악비가 출정할 때에는 '정충악비'라고 쓰인 깃발을 부하들이 들고 다녔다. 명대 이후 진충보국이 정충보국으로 바뀌게 되었고, 현재 중국인들은 이 말을 더 많이 사용하고 있다.

악비 좌상
좌상 위의 글은 '환아하산'

중국 도처에 있는 악비 사당

현재 중국에서 공자를 모신 공자 사당인 공묘孔廟, 관우를 모신 관제묘關帝廟 다음으로 많은 사당이 악비를 모신 악왕묘岳王廟일 것이다. 악비묘岳飛廟라고도 하는데, 아무튼 악왕이라고 할 정도이니 중국인들의 마음속에서 악비가 얼마나 큰 비중을 차지하고 있는지 알 수 있다. 그래서 중국의 대표적인 영웅은 악비이고, 그와 반대로 악비를 죽음으로 몰아넣었던 진회는 중국에서 간신의 대명사로 불린다.

거의 모든 악비 사당 앞에서는 후세 사람들이 강철로 주조한, 진회·진회의 처 왕씨·만사설·장준·왕준 등 다섯 사람이 두 손이 반쯤 잘린 채 꿇어 엎드려 있는 모습이 보인다. 사당 안에는 악비의 좌상이 있고, 좌상 위에는 악비가 쓴 초서 '환아하산(還我河山 : 강산을 나에게 돌려 다오)'이라는 네 글자가 있다.

악비의 고향인 탕음에도 악비 사당이 있고, 그 사당 안에는 악비기념관이 있다. 명대(1450)에 건립되었고, 1958년 6월에 사당 내에 기념관을 지었다. 이 기념관에는 27기의 조각상과 명·청, 근대에 이르기까지의 석각 비석이 전시되어 있다.

악비가 쓴 〈여통판서與通判書〉, 〈출사표出師表〉 등의 석각石刻 외에, 후대인들이 악비묘에 참배하러 왔다가 남기고 간 글들이 있다. 그중에서 명대의 동기창董其昌, 왕월王越, 진이근陳以勤, 그리고 청 건륭제의 석각이 유명하다.

▲ 악비 사당(하남성 주선진)
▼ 영원히 무릎 꿇고 있는 진회와 간신들

주선진朱仙鎭에도 악비 사당(岳飛廟)이 있는데, 이곳에서 악비가 금나라의 장수 올술兀術을 물리쳤다고 한다. 이 사당은 명 성화 14년(1478)에 건립되었고, 명대에는 전국 4대 악비 사당 가운데 하나였다. 이곳에도 역시 '다섯 간신이 꿇어 엎드린' 철로 만든 상이 있는데, 중국 사람들은 몸이 아플 때면 이곳에 와서 자신의 아픈 부위에 따라 이 다섯 간신의 몸을 때리면 낫는다고 믿고 있다. 즉 자신의 왼쪽 어깨가 아프면 이들 간신의 왼쪽 어깨를 때리고, 무릎이 아프면 이들 간신들의 무릎을 때린다. 수많은 사람이 너무 때려서 철상이 훼손되어 여러 번 보수했다고 한다. 우리는 친일한 사람들의 재산을 환수하는 데 그치는데, 이런 중국식 방법은 그 후손들에게 더할 나위 없는 치욕을 안겨 줌으로써 살아있는 역사적 교훈을 가르쳐 주지 않나 싶다. 또한 이렇게 충신 앞에 간신들을 영원히 무릎 꿇림으로써 백성들의 악비에 대한 존경심과 매국노에 대한 증오심을 함께 표출시키고 있다. 그리고 밀가루로 진회의 모습을 만들

요우탸오油條
중국인들이 아침으로 두유와 함께 먹는 음식이다. 본래 유작회油炸檜에서 유래하였다. 유작은 '기름에 튀긴다'는 뜻이고, 회檜는 진회를 말한다.

어 기름에 튀겨 먹는 유작회油炸檜라는 음식이 등장하기도 했다. 지금도 간사하고 나쁜 사람을 욕할 때 '진회 같은 놈'이라는 표현을 쓰는 것을 보면, 중국인들이 진회를 얼마나 미워하고 악비를 추앙했는지 알 수 있다.

악비, 조작된 민족 영웅인가?

위에서 본 바와 같이 중국 사람들은 악비를 민족의 영웅으로 추앙하고 있다. 그런데 정사에 기록된 악비는 지금 중국 사람들의 마음속에 자리잡을 정도로 그렇게 충신도 아니었고, 그 어머니가 등에 글을 새겨 줄 정도의 지식인도 아니었으며, 전투에서 혁혁한 공을 세운 사람도 아니었다는 주장이 제기되고 있다. 단지 위정자들에 의하여 만들어진 영웅이라고 한다. 근자에는 또 중국 정부가 교과서에서 민족 영웅이 아니라며 악비를 제외시켰다. 이전에는 악비는 금나라의 침략에 맞서 한족을 위기에서 구해 낸 민족 영웅이었는데, 어째서 이런 결정이 내려진 것일까?

이유는 간단하다. 이전의 역사에서는 금나라는 이민족의 나라였으나 금나라가 있었던 동북지역이 지금은 중국 영토 내에 있다. 이전에는 송금 전쟁이 국가 간의 전쟁이었으나 지금의 시점에서 보면 내전이었으므로 악비는 부패하고 타락한 송나라를 위해 싸운 것일 뿐, 민족 영웅으로 보기 어렵다는 시각이다. 현재 다민족국가를 표방하는 중국에서 이렇게 악비를 민족 영웅으로 추앙하게 되면 다른 소수민족의 역사를 인정해야만 한다. 이는 소수민족의 역사를 중국사에 편입시키려는 중국 정부의 의도와 상반된다. 그래서 그들은 한족의 역사만이 아니라 한족은 물론, 현재 중국을 구성하고 있는 55개 소수민족도 포함된 중화 민족의 역사라는 관점을 채택하고 있다. 이것은 중국 옆 나라에 있는 우리에게도 영향을 주고 있다. 즉 '동북공정'이 그것이다.

역사는 살아 움직이는 생명체와 같다. 지나간 채 그냥 화석처럼 멈추어 있지 않다. 역사는 늘 새로운 이데올로기에 의해 재생도 되고 삭제도 되고 첨가도 되면서 흐를 뿐이다.

포청천의 얼굴은 왜 검을까?
—철면무사

鐵面無私

사사로운 정에 구애되지 않고 공정하다는 뜻.

鐵 : 쇠　　**철**
面 : 낯　　**면**
無 : 없을　**무**
私 : 사사로울 **사**

"작두를 대령하라" 하고 외치는, 우리에게도 너무나 익숙한 판관 포청천. 텔레비전 연속극으로 방영이 되었고, 그 주인공 역할을 맡았던 대만의 배우 김초군金超群이 한국에 온 적도 있다. 또 많은 사람이 노래방에 가서 포청천의 주제곡을 부르는 등 한때 인기 만점이었다. 지금도 끊임없이 연극이나 영화, 드라마로 리바이벌되어 우리 곁의 가까운 존재가 되었다. 사람들은 판관 포청천의 서릿발 같은 공명정대함 앞에서 우리 사회의 부패도 저렇게 척결해 주는 사람이 있었으면 하는 바람을 가지면서 대리 만족을 하곤 하였다.

'철면무사鐵面無私'라는 말은 글자 그대로 얼굴에 철판을 깐 듯이 사사로운 정에 구애되지 않고 공명정대하다는 뜻으로 포청천을 상징하는 말이다.

포청천은 청백리의 상징으로 중국인의 사랑과 존경을 받고 있으며, 포청천이 활동했던 개봉은 물론이거니와 중국 전역에 포청천을 기리는 사당이 세워져 있다.

그런데 우리가 알고 있는 포청천은 마치 신적인 존재처럼 각인되어 있어 실존 인물이 아닌 줄 아는 사람도 있는데, 포청천은 북송대의 정치가이고 그의 이름은 포증包拯이다.

역사 속의 인물—포청천

포증(999~1062)의 자는 희인希仁이며 송대 여주廬州 합비(合肥 : 지금의 안휘성 합비) 사람이다. 1027년(인종 5)에 진사에 급제하여 관직에 올랐으나 연로한 부모를 봉양하기 위하여 사임하였다. 1037년에 다시 천장현(天長縣 : 지금의 안휘성 천장현) 지현에 임명된 뒤 여러 관직을 거쳐 1056년에 개봉부지부開封府知府가 되었고, 1061년에 추밀부사樞密副使에 임명되었다.

범중엄范仲淹의 새로운 정책이 실패한 이후 북송 조정은 점점 부패해져 갔으며, 특히 수도인 개봉부에서는 권문세가들이 더러운 뇌물을 받는 풍조가 심하였다. 몇몇 황족들은 그 방자함이 극에 달해 국법도 안중에 두지 않았다. 그 후 개봉부에 새로운 신임 지부인 포증이 부임하게 되었는데, 그의 부임으로 이러한 상황이 변화되었다.

송나라에서는 법에 따라 누구든 관아에 고소를 할 때에는 고발문을 쓰게 되어 있었고, 이것이 관아의 관리들을 통하여 지부에게 전해졌다. 그러나 글을 모르는 백성들은 자신이 하고 싶은 말을 어떻게 써야 하는지 알 수가 없었

다. 또한 몇몇 판관들은 이렇게 고발장을 접수받거나 징벌을 내릴 때 요령껏 뇌물을 받거나 검은손과 결탁하였다. 그래서 포증은 이러한 법을 폐지하고 억울함을 고발할 때에는 누구든지 관아 앞에 와서 북을 두드리게 하였다. 북소리가 나면 관아에서 곧 대문을 열어 백성들이 직접 관아에 들어와 고발을 할 수 있었다. 말하자면 우리의 신문고와 같은 것이었다. 이렇게 해서 직접 백성들의 괴로운 사정과 호소를 들을 수 있었다. 또한 부당한 세금을 없애 백성들의 무거운 짐도 덜어 주었다. 포증은 친척이나 친구 들에게도 몹시 엄격하였다.

송 인종은 이런 포증을 몹시 신임하여 추밀부사로 승진시켰다. 그는 높은 벼슬을 했지만 집안 생활은 여전히 소박해 보통 백성과 같았다. 그는 또 유서에서 후대 자손들이 벼슬

을 하다가 만일 탐관오리죄를 범할 경우 집에 들여놓지도
말고, 죽은 후 포씨 집안의 선산에 매장하지도 못하게 했다.

1062년에 병사하자 예부상서禮部尚書로 추증되었다. 문집
으로 《포증집包拯集》, 《포효숙공주상의包孝肅公奏商議》 등이
있다.

포증은 청렴결백한 관리 생활로 생전에도 사람들의 존경
을 받았지만, 사후에도 사람들이 청빈한 관리의 전범으로
보고 존경하며 '포공包公', 또는 '포대제包待制', '포용도包龍
圖'라고도 불렀는데, 이는 포증이 일찍이 천장각대제天章閣
待制, 용도각학사龍圖閣學士의 관직에 있었기 때문이다. 중국
인들은 종종 이렇게 생전의 관직으로 부르는 습관이 있는
데, 이것으로 중국인들이 관리직을 몹시 선망했음을 알 수
있다.

문학작품 속의 포청천

이상이 포증과 관련된 역사적 사실이다. 그러나 민간에
는 공명정대한 포증이 권문귀족들을 처단한 이야기가 수많
이 전해져 내려오고 있다. 사람들이 포청천을 흠모하자, 포
공이 사건을 처리하는 과정을 묘사한 희곡과 소설 같은 문
학작품이 남송과 금나라 때부터 등장하였다. 명나라 때는
수백 권으로 된 화본소설 《포공안包公案》, 청나라 때는 《용도

공안龍圖公案》, 《삼협오의三俠五義》, 《칠협오의七俠五義》 등의
장편소설이 있었다. 비록 그 대부분은 허구적인 이야기지만
사람들의 청빈한 관리에 대한 공경심이 반영되어 있음을 알
수 있다.

그중에서 근래에도 경극 또는 드라마로 계속 각색되어 상
연되는 작품으로는 전통 희곡인 〈찰미안鍘美案〉이 유명하다.
〈찰미안〉의 내용은 다음과 같다.

송나라 시대에 가난한 집안 출신의 진세미陳世美라는 자
가 아내 진향련秦香蓮과 서로 사랑하며 화목하게 지냈다. 10
년간의 각고 노력 끝에 진세미가
서울로 과거 시험을 보러 가 마침
내 장원급제를 하고 인종의 부마가
되었다. 진향련은 오래도록 남편
진세미의 소식을 기다리다 지쳐 결
국 두 아들의 손을 잡고 서울로 남
편을 찾으러 떠났다. 비파를 타서
구걸을 하면서 천신만고 끝에 서울
에 도착했다. 그러나 진세미는 아

〈찰미안〉
〈찰미안〉의 한 장면을 묘사
한 청대 그림. 뒤에 마한, 포
청천, 왕조가 있고, 왼쪽에
진향련과 두 아들이 있다.

내와 아들을 모른 체했을 뿐만 아니라 한기韓琪라는 자를 한
밤중에 보내 세 모자를 죽이게 하였다. 그러나 한기가 차마
죄 없는 이들을 죽일 수 없어 의를 위하여 자살을 하는데,

진향련이 엉뚱하게 한기를 죽인 살인범으로
몰려 감옥에 갇히고 만다. 그 후 진세미의 의
도하에 진향련이 멀리 변경으로 유배를 당하
게 되고 도중에 살인범에 의해 죽임을 당하
려는 찰나, 포청천의 수하 전소展昭가 그녀를
구해 내어 서울로 함께 올라온다.

포청천은 진세미의 죄를 다스리고자 백방
으로 증거를 찾아내려 애쓴다. 한편 진세미
는 진향련을 속여 부마의 저택으로 데리고
간 뒤, 이번에는 두 아들로 하여금 어머니를
졸라 이혼 서류에 도장을 찍게 한다. 전소는
진세미의 고향으로 가서 증인으로 기祺 씨
부부를 데리고 오지만 도중에 기 씨 부인이
살인범에 의해 죽게 된다. 그러나 포공이 끝
내 증인과 물증을 찾아내고 법정에서 진세미

▲〈찰미안〉의 한 장면
▼〈찰미안〉에서 진향련이
비파를 타며 노래 부르는
장면

에게 진향련 모자를 인정할 것을 권하지만, 진세미는 그 말
을 듣지 않을 뿐만 아니라 오히려 검을 뽑아 향련을 죽이려
하다가 포공의 불호령에 그만두고 만다. 진세미가 사태가
심상치 않음을 알고는 곧장 돌아가려고 하지만, 포공이 이
를 가로막고는 포졸들에게 진세미를 포박하게 한다. 이때
황실 사람들이 급히 나와 진세미를 풀어 줄 것을 간청하나

포공이 허락하지 않자 자신들이 황족임을 무기로 법정에서 큰 소란을 피운다. 그러나 포공은 설령 관직을 그만두는 한이 있더라도 공평무사하게 판결을 하여야겠다고 생각한다. 그리하여 황족들의 면전에서 자신의 관모를 벗어 왼손에 높이 들고는 망나니로 하여금 호두찰(虎頭鍘 : 호랑이 모양의 작두)을 가지고 진세미를 법에 의해 처단하도록 한다.

이는 포청천이 부귀권세에 빌붙지 않고 자신의 소신대로 직무를 수행했음을 보여 주는 내용이다. 학생 하나가 중국으로 어학연수를 갔다 와서는, 중국 사람들이 자기 이름을 보고는 늘 웃더라고 하며 왜 그런지 모르겠다고 하였다. 그래서 이 〈찰미안〉 이야기를 해 주었더니 그제야 고개를 끄덕였다. 그 학생의 이름은 성세미였는데, 성이 중국어로 cheng으로 읽혀 진세미와 발음이 아주 비슷해진다. 진세미는 악의 대명사이므로 중국인들이 아마도 그 이유를 말하기가 쑥스러워 그냥 웃기만 하였을 것이다.

▲세 개의 작두
개작두 : 일반 백성을 처단하는 작두. **범작두** : 관리를 처단하는 작두. **용작두** : 왕실 친척을 처단하는 작두.

▼의식 장면
개봉부 앞에서는 관광객을 위하여 포청천이 재판을 하는 과정을 보여 주고 있다.

중국 사람들은 45라는 숫자를 몹시 싫어한다. 45세가 되면 "작년에 44세였다"라고 말하거나, 혹은 "내년에 46세가 된다"라고 말한다. 판관 포청천이 45세 때 사건을 해결하느라 대단히 큰 어려움을 겪었기 때문이다. 요컨대 45세 때 큰 어려움을 당할 수 있다는 미신 때문에 나이를 말할 때 45세라고 말하기를 꺼리는 것이다. 또한 45세가 되면 악귀를 쫓아 준다는 붉은색 띠나 매듭을 몸에 지니고 상갓집 음식도 먹지 않는 풍속이 있다.

45세와 관련해서는 다음과 같은 이야기가 전해져 온다.

북송 인종 연간에 진주(陳州 : 지금의 하남성 회양) 일대에 3년간 가뭄이 들었다. 농작물은 말라 버리고 도처에 굶어 죽은 시체가 즐비하였다. 황제는 종친 한 사람을 진주에 보내어 빈민을 구제하도록 하고 쌀값을 묶어 놓았다. 그러나 이 종친이 진주에 도착한 후 자신의 이득만 꾀하며 쌀값을 제멋대로 높이고 쌀 속에 모래까지 섞어 팔았다. 이리 되자 백성들의 원망이 하늘을 찌를 듯하였다.

포청천은 이 일을 알고는 대로하여 황상에게 보고하고 이 화근을 뽑아 버릴 것을 주청하였다. 그러나 종친은 황상만 믿고 포청천을 안중에도 두지 않았다. 그는 포청천이 진주에 도착했다는 말을 듣고는 성문을 굳게 닫아걸고 성안에 들어오지 못하게 하였다. 포청천은 진주에 도착한 지 며칠이 지났는데도 성안으로 들어갈 수 없게 되자 몹시 다급하여 혼자 대책을 세우는 한편, 성안의 동정을 살폈다.

하루는 포청천이 성문 밖에서 서성이고 있는데, 갑자기 "아이고!" 하는 외마디 소리가 들려 돌아보니 한 여인이 노새 등에서 떨어져 구덩이에 빠져 버렸다. 포청천이 급히 달려가 그 여인을 부축하여 주었으나, 그 여자는 고맙다는 말한 마디 없이 오히려 표독스런 목소리로 노새에 자신을 태우라고 명령하였다. 포청천은 여자에게서 요상한 기운을 느끼며 성명을 물어 보았다. 그 여자는 이 검은 얼굴의 남자가 자신의 말을 고분고분 잘 듣는 것을 보고는 득의양양하여, 자신은 진주의 유명한 기녀 왕분련王粉蓮이라고 소개하고 지금 성안으로 종친의 연회에 참석하러 가는 길이라고 하였다. 포청천은 성안에 들어갈 수 있는 좋은 기회라고 여겼지만, 기녀의 노새잡이가 되는 것은 조상에게 면목이 없는 일이고 후세 사람들의 놀림감이 될 거라는 생각이 들었다. 그러나 진주 사람들이 기아에 허덕이고 있는 것을 생각하고는 치욕을 참고 왕분련의 노새잡이가 되어 성안으로 들어갔다.

성안에 들어가자 그 종친이 왕분련을 보고 수작을 걸었다. 이 모습을 본 포청천이 참지 못하고 "짐승만도 못한 놈"이라고 욕을 해 대었다. 그러자 종친은 자신에게 감히 욕을

예극 〈하진주〉

해 대는 포청천을 붙들어 홰나무에 묶어 놓고 때리게 하였다. 한참 후에 포청천의 수하인 왕조王朝와 마한馬漢이 성안으로 들어와 다행히 포청천의 포박이 풀어졌고, 종친은 그제야 포청천이 명을 받들고 왔다는 것을 알게 되었다. 후에 포청천은 이 종친을 참수하여 진주 백성들의 해를 덜어 주었다. 이 이야기는 하남성의 전통 연극인 예극豫劇 〈하진주下陳州〉로 유명하다.

진주에서 고난을 당하던 때의 포청천의 나이가 바로 45세로, 홰나무에 묶인 채 채찍으로 맞는 수난을 당하였기 때문에 사람들이 45세가 되는 해는 운이 없다고 생각한다. 포청천이 백성들의 마음속에 신성한 인물로 남아 있는 것을 알 수 있다. 자신의 운명과 자신이 존경하는 인물의 운명을 연계시키고, 그래서 45세가 되는 것을 피한 것이다. 그리고 이것이 점차 45세를 기피하는 풍속으로 자리잡게 된 것이다.

45 외에 중국인들이 또 싫어하는 숫자가 있다. 중국 속담에 '73세와 84세에 염라대왕이 당신을 불러서 의논 좀 하자고 한다〔七十三, 八十四, 閻王叫你商量事〕'라는 말이 있다. 73세는 공자가 죽은 나이이고 84세는 맹자가 죽은 나이다. 공자와 맹자 같은 성현도 그 나이에 죽었는데 일반 사람들은 더 넘기기 어려울 것이라는 생각에서, 중국인들은 이 숫자도 싫어한다.

판관 포청천—그의 얼굴은 왜 검을까?

경극에서 포청천의 얼굴은 언제나 검은 색이다. 검은색의 얼굴은 그가 공평무사한 사람이며 법을 집행함에 있어 산과 같이 묵직하고 청빈한 관리임을 나타내고 있다. 검은색의 얼굴에 두 줄의 흰 눈썹이 그려져 있는데, 이는 그의 충직하고 강직하며 우국우민하는 마음을 나타낸다. 이마의 정중앙에 있는 흰색의 초승달은 그가 낮밤으로 음양을 가를 수 있다는 신비한 전기적傳奇的 색채를 상징하고 있다. 확실히 역사 속에 존재하던 포청천이 신적인 존재로 변하

경극 속의 포공 형상

였다. 중국에서는 이처럼 역사적 인물이 신으로 변해 버리는 일이 종종 벌어진다. 강태공이 그렇고, 관운장이 그렇고, 포청천이 그렇다. 근자에는 모택동이 신으로 변해 가는 과정을 볼 수 있다. 중국에서 택시를 타게 되면 차 앞에 모택동의 사진을 걸어 둔 것을 종종 발견하게 된다. 운전기사에게 그 이유를 물으면 돈도 잘 벌리고 사고도 나지 않는다고 하니, 또 다른 의미에서 이렇게 백성들의 마음속에 파고든 모택동이 위대하다는 생각이 절로 든다. 이렇게 믿어 버리면 그 대상은 바로 신이 아닌가? 종교를 그토록 부정하던

모택동 자신이 신이 되어 버리는 아이러니한 현실이다. 결국 중국인들의 심성 속에는 이처럼 역사 속의 인물을 신으로 변화시키는 인자가 있는 것 같다.

경극의 얼굴 분장법

그렇다면 경극에서는 왜 이렇게 포청천의 얼굴을 검게 물들여 버린 것일까?

이는 경극의 특색인 과장된 얼굴 분장법에 기인한다. 경극은 상징성이 몹시 강한 연극으로 모든 몸짓·색깔·도구에 상징이 들어 있다.

경극의 각종 얼굴 분장

무대상의 진실은 실생활과 다르다. 모든 예술이 생활에 근거하고 거기에서 출발하지만, 그것을 뛰어넘어야 한다. 그래서 과장과 정형화가 이루어진다. 배우들이 분장하는 것은 배우 본래의 얼굴을 극 중의 인물로 바꾸고자 하는 필요 수단이다. 예를 들어 배우가 눈가를 검게 칠하면 눈망울이 더욱 생기를 띠고, 눈썹을 치켜 그리면 눈에 정신이 깃들여

보인다. 경극의 배역 속에 들어 있는 '정淨'과 '축丑'의 얼굴
에 분장하는 것을 '검보臉譜', 중국어로 '리엔푸'라고 하는
데, 이 얼굴 분장은 인물 형상의 과장과 성격을 나타내고 있
다. '페이스 페인팅(Face Painting)'과 배역의 얼굴에 칠한 색
은 그 사람의 성격과 인품, 배역과 운명을 결정지으며, 이것
은 경극의 가장 큰 특징이자 연극의 줄거리를 이해하는 열
쇠라고 할 수 있다.

이 얼굴 분장은 비록 과장되기는 하지만 그리는 것이나
색깔의 사용이 멋대로 이루어지지 않는다. 반드시 일정한
법식을 따라야 한다. 얼굴 분장 역시 생활에 의거하기 때문
인데, 소설에 관우의 얼굴은 대추빛 같다고 묘사되어 있어
서 붉게 얼굴을 그린다(紅臉). 붉은색은 긍정적 의미를 띠고
있으며 충성과 용기를 나타낸다. 포증은 공명정대함을 나
타내기 위해서 검게 얼굴을 그린다(黑臉). 검은색은 주로
용맹하고 지혜로운 자를 나타낸다. 조조曹操는 간사한 인물
이므로 흰색 얼굴(白臉)로 그려지는데, 중국어로는 '바이리
엔'이라고 읽는다. 그런데 중국어에서 또 다른 의미로 '바
이리엔'은 간사하고 못된 사람을 지칭하므로, 경극이 존재
하는 한 이런 의미에서 조조는 영원히 간신의 이미지에서
벗어날 수 없을 것이다. 오죽하면 곽말약이 조조의 억울함
을 풀어 주기 위하여 희곡 작품 〈채문희蔡文姬〉를 썼다고 했

경극 속 붉은 얼굴 빛의
관우 분장

연극 〈채문희〉의 한 장면

채문희는 한대의 문인 채
옹蔡邕의 딸로 문학·역사
등에 능통했던 재녀. 흉노
로 시집을 갔다가 조조의
도움으로 귀국했다.

을까? 특히 흰색 분장 중에는 흉
포한 모습으로 분을 바르고 온 얼
굴에 흰색 분을 바르는 것이 있는
가 하면 콧대, 눈언저리에만 분을
칠하는 것도 있는데, 코언저리에
만 칠하는 것은 어릿광대 역이다.
이 밖에 푸른색과 녹색 얼굴은 민
간 영웅이나 녹림호객을 대표하
고, 황색 얼굴은 부정적 의미를
함유하며 흉악한 자를 대표하고, 금색과 은색 얼굴은 신비
함을 나타낸다. 손오공이 이런 분장을 한다. 이처럼 얼굴
분장은 하나의 예술일 뿐만 아니라 포폄褒貶과 선악을 구별
하는 작용도 한다.

하늘이 무너지면 어쩌지?

―기우

杞憂

쓸데없는 걱정, 안 해도 되는 근심을 이르는 말.

杞 : 기나라 이름
憂 : 근심

기杞는 옛 나라의 이름이고, 현재의 하남성 기현杞縣에 그 나라가 있었다. 기우는 본래 '기인우천杞人憂天'에서 나온 말이다. '우천'은 하늘이 무너질까 걱정한다는 뜻으로, 이 고사성어는 근거도 없이 쓸데없는 걱정을 하는 것을 비유하고 있다. 이것은 《열자列子 · 천서편天瑞篇》에 나오는 이야기로, "기나라의 어떤 사람이 하늘이 무너지면 몸을 의탁할 곳을 잃게 될까 걱정하여 침식을 잃었다〔杞國有人, 憂天地崩墮, 身無所寄, 廢寢食者〕"고 한다.

물론 이 기우는 널리 사람들 입에 오르내리는 이야기다

기나라의 어떤 사람이 하루 종일 하늘이 무너지고 땅이 꺼지면 어쩌나 하는 걱정에 안절부절못하였다. 한 친구가 이런 그를 깨우쳐 주려고 다음과 같이 말하였다. "하늘은 커다란 기체로 이루어졌기 때문에 무너질 염려가 없다네."

그러자 그 사람이 이렇게 물었다.

"하늘이 정말로 커다란 기체로 이루어져 있다면 해와 달과 별 들이 떨어지지 않겠나?"

친구가 말했다

"해와 달과 별 들은 기체 속에서 반짝이는 물건일 뿐이라네. 설사 떨어진다고 해도 사람이 다치거나 하지는 않는다네."

그러자 그 사람이 이제는 땅이 꺼지면 어쩌나 하고 걱정하였다. 친구가 또다시 그에게 말했다.

"땅은 흙과 돌멩이로 꼭꼭 다져져 있기 때문에 꺼질 염려가 없다네."

그제야 기나라 사람이 안심하며 기뻐하였고, 이것을 본친구도 덩달아 기뻐하였다.

실생활에서 이처럼 하늘이 무너져 내리고 땅이 꺼지지 않을까 걱정하는 사람은 없다. 옛날 사람들은 천지에 대한 이해가 없었기 때문에 이런 이야기가 나온 것이다. 그러나 일종의 심리적인 문제로 하루 종일 이것을 걱정하고 저것을 걱정하며 안절부절못한 채 밥도 제대로 먹지 못하는 사람이 확실히 많이 있다. 사람들은 닥치지도 않은 일을 가지고 미리 걱정부터 한다. 닥치면 다 견디게 마련이고 시간이 해결해 줄 텐데도 말이다. 그래서 후세 사람들도 근거도 없이 하는 쓸데없는 걱정을 기우라고 말하게 되었다.

당나라 시인 이백도 〈양보음梁甫吟〉에서 "기나라에서는 아무 일 없이 하늘이 무너질 것을 걱정한다"고 하였다.

많은 인물이 배출된 기현

기나라가 있던 곳은 현재의 하남성 개봉시 기현 지역이고, 이곳은 고대 교통의 중심지였다. 북쪽에는 개봉시가 있다. 기나라 때의 도읍은 옹구(雍丘 : 지금의 현청 소재지)였다. 그리하여 여러 왕조를 거치면서 옹구현과 기현으로 이름을 바꾸어 가며 지금에 이르렀다.

기현은 역사가 오래된 지역으로 많은 인물이 배출되었다. 은나라 때의 명재상이자 요리의 대가인 이윤伊尹이 이곳출신이다. 전설에 의하면 이름이 아형阿衡인 이윤은 유신씨有莘氏 집안의 노비였지만 매우 어진 사람이었다. 유신씨 집안의 딸이 은나라의 탕왕에게 시집을 가게 되자 노복으로함께 갔다. 이윤은 음식 솜씨가 아주 뛰어나 은나라에도착한 후 주방 일을 보게 되었다. 그는 탕왕에게음식을 올리는 기회를 이용하여 천하의 형세를분석하고, 누차에 걸쳐 하나라 걸왕의 폭정에대하여 말하며 하를 멸하고 나라를 세우는 큰

이윤

계획을 제시했다. 그 후 이윤은 탕의 신임을 얻어 윤尹, 즉
우승상직에 임명되었고, 이때부터 성탕을 수행하여 하를 멸
하고 은나라를 건국하는 데 혁혁한 공을 세웠다. 성탕 이후
즉위한 두 왕이 연달아 일찍 죽자 적손자인 태갑太甲을 옹립
하여 제위를 잇게 하였지만, 태갑이 즉위한 후 폭정을 일삼
자 3년간 동궁(桐宮 : 지금의 하남성 언사)에 감금하고 가르쳤다.
태갑이 뉘우치고 반성하자 다시 복위시키고, 정무를 잘 보
자 《태갑훈》을 지어 그를 찬양하며 경의를 표했다. 태갑 사
후 옥정沃丁이 즉위하자, 이윤은 스스로 너무 늙었다고 생각
하고 다시는 조정에 참여하지 않았다. 옥정 8년에 천수를
누리다가 병사하였다. 옥정은 천자의 예로써 융숭하게 이윤
을 장사 지내고 친히 3년상을 치르며 은나라에 대한 그의
공헌에 보답했다. 이윤의 이름을 갑골문에서도 볼 수 있는
데, 그가 은 왕조의 융숭한 제사를 받았다고 기록되어 있다.
이윤은 중국 역사상 최초의 명신 이미지로 사람들의 마음속
에 남아 있다.

　한나라 때의 역이기酈食其도 이곳 출신이며, 그의 묘도 이
곳에 있다. 역이기는 유명한 변론가로 유방을 도와 제나라
를 설득하여 70여 개의 성을 빼앗았다. 그러나 뒤에 한신이
제나라를 칠 때 그곳에 있다가 제나라 사람들에게 피살되었
다. 또 동한의 문학가인 채옹蔡邕과 채문희도 이곳 출신이다.

기현에는 역사가 오래된 유명한 음식이 하나 있다. 음식 이름은 '기우홍피주杞憂烘皮肘'로 '기인우천'의 이야기에서 유래되었다. 하늘이 무너질까 걱정하는 친구를 위하여 만든 것이 바로 이 음식이라고 한다. 돼지 허벅지

기우홍피주

살에 설탕, 폐에 좋고 열도 내리게 하는 흰 표고버섯, 신장에 좋은 구기자, 간에 좋은 대추, 비장과 위에 좋은 연밥에 검은 콩을 넣고 오래도록 끓인 후에 하늘이 무너질까 걱정하느라 식음을 전폐한 친구에게 갖다 주었다. 그 친구는 이 요리를 먹은 후 마음의 병이 해소되고 식욕도 났다. 그 후 하루에 한 번씩 '홍피주'를 먹자 건강이 빠른 시일 내에 회복되었다. 이 음식이 그 후 유명해져 사람들에 의해 '기우홍피주'라 불리며 지금까지 전해져 내려오고 있다.

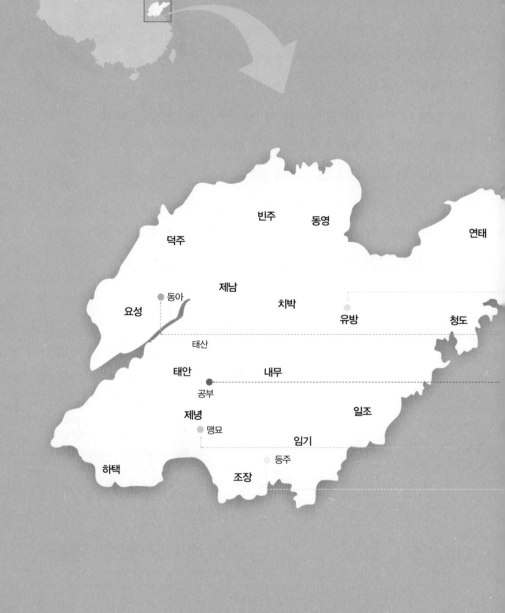

이해

산동성에서
발생했거나 그곳과 관련된
고사성어

산동성 — 성인의 고향

산동은 고대의 제나라와 노나라의 땅으로 중국 동부 연해와 황하의 하류, 경항 대운하의 중북단에 있다. 북·서·남쪽으로는 하북, 하남, 안휘, 강소성 등 네 성과 경계를 이루고 있으며, 중앙에는 태산이 있다. 동쪽의 산동반도는 황해로 뻗어나와 있고, 북쪽으로는 발해해협과 요동반도를 마주하고 있다. 황해 너머에는 바로 대한민국이 있다.

산동은 고대에 상족商族의 활동 중심지였다. 기원전 11세기에 주 무왕이 상나라의 주왕을 토벌한 후 첫 번째로 강태공을 제나라에 봉하고, 동생인 주공단은 노나라에 봉하였다. 제나라는 수도를 임치에 정하였으며 국력이 상당히 강하였다. 당시 제나라는 공업과 방직업이 크게 발달하였다. 노나라는 곡부에 수도를 정하였으며 '예의의 나라' 라는 명칭이 붙어 있었다.

산동성—고대의 노나라와 제나라

춘추시기에 산동에는 수많은 작은 나라가 있었지만 모두 노나라와 제나라에 병합되었다. 전국시대에 제나라는 7웅의 하나가 되었으며, 현재의 산동 지역 대부분을 제나라와 노나라 양국이 차지하였다. 기원전 249년에 초나라가 노나라를 점령하고, 기원전 223년에는 진秦나라가 초나라를 점령했다. 그 후 기원전 221년에 제나라도 결국 진나라에 의해 합병되었다.

山東省

　제와 노나라의 문화는 중국 문화의 형성 발전에 커다란 공헌을 하였음은 물론, 막대한 영향도 끼쳤다. 노나라에서 태어난 공자는 이곳에서 유가 사상을 창설하여 후에 중국 사회의 골격과 가치관의 초석을 놓았다.

　한나라 때 산동은 실크로드의 시작점이었다. 임치, 정도定陶, 제녕濟寧은 3대 방직 도시였고, 여기서 생산된 견직품은 서역으로 끊임없이 수출되었다.

　이후 한, 위, 진, 남북조시기에 전쟁이 빈번히 벌어지고 경제도 낙후되었다. 당나라 때 산동이 다시 한 번 방직으로 유명해졌다.

　송나라 시기에는 제녕시 양산현梁山縣에서 시내암施耐庵이 쓴 《수호전》의 토대가 된 양산의 기병이 있었다. 그 후 원나라, 명나라 초기에는 산동 지역에 거의 사람이 살지 않아 홍무 연간에 많은 백성을 이주시켜 개간을 하였다.

　청나라 때 산동의 연태烟台는 산동 제1의 개방 항구였다. 1895년 청일전쟁 중에 일본이 위해威海를 점령하고, 1898년에는 청도靑島와 위해가 독일과 영국에 할양되었다. 1899년에는 의화단이 산동성에서 흥기하였다. 그 후 오랫동안 수많은 산동 농민이 관동을 넘어 살길을 찾아 떠났다. 1914년 일본군이 독일로부터 청도를 탈취하고, 1949년에는 미군으로부터 청도를 탈환하였다.

　산동성에는 6개의 국가중점풍경명승지와 6개의 역사문화도시가 있고, 1개의 중국역사문화촌이 있다. 또한 전국중점문물보호단위로 지정된 곳도 많이 있다.

산동의 태안시 대문구진大汶口鎭에는 신석기 문화 유적지인 대문구문화 유적지가 있다.

또 1987년에 유네스코에서 지정한 제1의 문화유산이 있는데 바로 태산이다. 그 자연 풍광이 독특하고 영험하기로 소문이 난 산이다. 예로부터 태산은 오악의 으뜸 으로 '오악독존'이라는 명칭이 붙어 있다. 역대의 제왕들이 태산에서 봉선을 행하 였으며, 가는 곳마다 석각들이 있다. 태산은 또한 불교와 도교의 성지이기도 하다.

공자의 고향인 곡부에는 공묘孔廟, 공림孔林, 공부孔府가 있으며 이 역시 세계문화 유산이다. 맹자의 고향인 추성에는 맹묘, 맹림, 맹부가 있고, 증자의 묘도 있다. 또 한 강태공 사당, 도교의 신전인 대묘岱廟 등의 유적지도 산재해 있다.

제남에는 유명한 표돌천이 있어 샘물의 도시라는 뜻의 '천성泉城'으로도 이름이 나 있다. 또한 유명한 대명호도 있다.

산동 음식은 루차이魯菜라고 하며 역사가 깊다. 중국의 4대 요리 속에 포함된다. 특히 산동 지역에는 파와 마늘을 사용한 음식이 많다.

산동 출신의 유명한 역사적 인물도 아주 많다. 학술·사상 방면으로는 공자, 맹 자, 묵자, 손자, 증삼, 정현 등이 있고, 정치·군사 방면으로는 안영, 손무, 손빈, 제 갈량 등이 있다. 문학 방면으로는 동방삭, 공융, 좌사, 포조, 유협, 이청조, 신기질, 이개선, 이반룡, 포송령, 공상임, 왕사정 등이 있고, 유명한 왕희지, 안진경 등도 산

山東省

동 출신이다. 또한 편작과 왕숙화 같은 명의도 이곳 출신이다.

이들의 사상, 이론 및 학술은 모두 중국 전통문화의 중요한 내용을 이루고 있으며 중화 민족의 문화 발전에 커다란 공헌을 하였다.

성인의 고향 곡부와 공자 이야기
—위편삼절

韋編三絶

독서에 힘씀을 이르는 말.

韋 : 가죽 위
編 : 엮을 편
三 : 석   삼
絶 : 끊을 절

'위편삼절韋編三絶'이라는 고사성어는 사마천의 《사기·공자세가》에 "공자가 만년에 《역경》을 좋아하여 《역경》을 읽어…… 가죽 끈이 세 번 끊어졌다〔孔子晩而喜易 讀易…… 韋編三絶〕"라고 기술되어 있는 데서 비롯된 말로, 공자 같은 성인도 학문 연구를 위해 피나는 노력을 한다는 뜻이다. 또한 후인들의 학문에 대한 열의와 노력을 나타내는 말로도 이용된다.

한나라의 채륜이 발명하기 전에는 종이가 없었기 때문에 비단, 거북딱지, 대나무, 혹은 나무를 사용하여 기록하였다. 그러나 거북딱지나 비단 같은 것은 구하기도 어렵고 비쌌기 때문에 가장 많이 사용한 것은 대나무쪽을 엮은 죽

죽간
죽간이 모여 책册이 되었다.

간竹簡과 나무쪽을 엮은 목간木簡이었다.

공자가 살았던 춘추시기에도 종이가 없었기 때문에 주로 대나무쪽을 제재로 하여 책을 만들었다. 대나무 마디를 잘라 낸 다음 그것을 다듬고 불에 잘 구운 후 그 위에 글자를 썼다. 죽간은 일정한 길이와 폭으로 하나하나 엮었는데, 이것이 바로 책册의 원래 모습이다. 죽간 하나에는 겨우 한 줄이나 두 줄을 쓰는데 많으면 몇십 자, 적으면 8, 9자를 적을 수 있었다. 하나의 책이 만들어지기 위해서는 수많은 죽간이 필요하였는데, 이런 죽간들을 반드시 가죽 끈을 이용하여 단단히 묶어 놓았다. 이때 사용된 가죽 끈을 한자로 위韋라고 하는데 쇠가죽을 무두질하여 만든 것이다. '위편삼절'은 곧 이렇게 만들어진 책을 너무 많이 보는 바람에 가죽 끈이 다 닳아 세 번이나 끊어졌다는 것이다. 즉 열심히 공부했다는 뜻이다.

《역경》은 당연히 수많은 죽간으로 엮어졌을 것이므로 그 무게도 상당하였을 것이다.

공자는 《역경》을 한 번 읽어 기본적인 내용을 파악하였다. 그리고 재차 읽어 《역경》의 기본적인 요점을 파악하고, 이어 세 번째 읽을 때에는 책 속에

공자의 모습
공자는 앞짱구에 뻐드렁니였다고 한다.

담겨 있는 정신을 깊이 이해하였다. 이후 더욱 깊이 있게 이 책을 연구하여 학생들에게 강의를 하였으니, 사실은 얼마나 더 읽었는지 모를 일이다. 이렇게 계속 읽다 보니 죽간을 묶어 놓았던 쇠가죽 끈이 닳아서 없

은작산 죽간박물관
대량 발굴된 서한시대의 죽간이 전시되어 있다.

어져 버린 것이다. 공자는 이러한 경지에 이르렀어도 겸허하게 "만일 내가 몇 년만 더 공부를 했다면 《역경》을 완전히 파악할 수 있었을 것이다"라고 말했다 한다.

공자가 이 시대에 태어나 아무리 열심히 공부해도 요즘처럼 잘 만들어진 책이 다 뜯어져 나가게 볼 수는 없을 것이다. 당시 그 무거운 두루마리로 된 《역경》을 읽다 보면 아무리 질긴 가죽 끈이라 하더라도 쉽게 마모되어 버렸을 것이다. 그래서 수업 시간에 학생들에게 "여러분이 춘추시대에 태어나 이처럼 열심히 공부했다면 가죽 끈을 모두 세 번 이상은 끊어 먹었을 것"이라고 농담 섞인 격려도 한다.

《좌전》, 《국어》 등의 기록을 보면 춘추시기에는 사람들이 《역경》을 인용하여 점을 치고 일을 논하였다고 한다. 또 《역경》에 통달한 사람들이 주나라 · 노나라 · 위나라 · 정나라 · 진나라 · 제나라 등에 분포되어 있었다고 하므로 당시에 역학이 보편적으로 유행하고 연구하는 사람도 많았음을

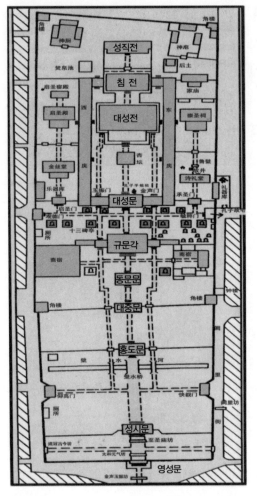

공묘 평면도

알 수 있다. 이러한 사회 분위기 속에서 여러 나라를 주유하던 대학자인 공자가 어찌 《역경》을 배우지 않고 말하지 않을 수 있었겠는가? 공자가 《역경》을 열심히 공부한 것은 어쩌면 당연한 일이었는지도 모른다.

공자의 고향, 곡부

공부하길 그렇게 좋아하던 공자의 고향 곡부曲阜는 산동성의 성도인 제남에서 160킬로미터 떨어져 있으며, 북쪽에는 태산이 있다. 곡부는 춘추시대에는 노나라의 수도였다. 곡부에는 공씨 일가가 살았던 공부孔府와 공자 사당인 공묘孔廟, 공씨 일가의 무덤이 있는 공림孔林이 있다.

공자 사당인 공묘는 곡부 시내에 있으며 대대로 공자에게 제사를 지내던 곳이다. 규모가 방대하며 건물도 몹시 웅장하다. 아홉 번 문을 들어가는 9진정원으로 중국에서 북경의

자금성 다음으로 규모가 큰 고대 건축물이며 태안의 대묘岱廟와 함께 중국 3대 고대 건축물에 속한다. 공묘에는 3천여 개의 비석이나 현판이 있다고 한다. 그 속에는 한위육조시대의 귀중한 석각도 22점이나 포함되어 있다.

대성전은 공묘의 정전으로 중심 건물이다. 금빛 찬란한 '大聖殿'이라는 글씨가 있는데 청대 옹정제가 썼다고 한다. 지붕은 황궁에서나 사용한다는 황색 유리기와로 덮여 있다. 대성전 문 앞의 돌기둥 28개에는 용이 조각되어 있다. 공자가 강의를 했다는 행단杏檀이 대성전의 용도甬道 중앙에 있는데, 공자는 은행나무 아래서 강의를 했다고 한다. 그래서인지 중국 어디든 공자 사당이 있는 곳에 가 보면 꼭 은행나무가 있다. 우리나라의 향교에도 대부분 은행나무가 있다. 물론 은행나무가 자랄 수 없는 대만이나 홍콩 같은 곳은 예외지만 말이다. 행단 주변에는 건륭황제가 썼다는 '행단 찬杏檀贊'이라는 어비御碑가 2층으로 된 정자 안에 있다.

공부는 또한 연성공부衍聖孔府라고도 하는데, 송나라 때 '연성공'이라는 작위가 주어져 공자의 종손은 제사를 모시는 일 이외에 제후로서의 역할도 하고 있었다. 현재의 공부는 기본적으로 명청대의 건축이다. 역시 9진원락이다. 공부는 공무를 보는 전청과 내실이 있는 내택과 후원, 그리고 화원, 이렇게 세 구역으로 구성되어 있다. 대문을 들어서면 중정中庭이 있고, 그 뒤에 '성인지문聖人之門'이라는 현판이 걸린 문이 있다. 이어 중광문重光門이 있는데, 이곳은 종손이 칙사를 마중하거나 의식을 행하던 곳이다. 그 뒤에 있는 이당二堂은 연성공이 관리를 접견하거나 향시를 치르던 곳이다. 삼당三堂은 공씨 가문 내부의 분쟁을 처리하던 곳이고, 다음이 내택으로 타인의 출입이 제한된다.

공림은 곡부성 북쪽에 있는데 공자와 그 후손들의 가족 묘지다. 세계에서 가장 오래되고 면적도 가장 넓은 가족 묘지라 한다. 자공子貢이 이곳에 나무를 심기 시작하여 수령이 오래된 나무만 해도 1만여 그루나 된다고 한다. 공자묘에는 전서체로 '대성지성문선왕묘大成至聖

공림 표지

文宣王墓'라고 쓰여져 있고, 공자의 묘 왼쪽에 작은 집이 있는데 자공이 6년간 시묘를 하던 곳이라고 한다. 공묘·공부·공림은 1994년 12월에 세계문화유산으로 등록되었다. 가이드의 말로는 이것은 중국 정부의 탁월한 선택이었다고 한다. 중국에서는 사유

공림의 대문

재산이 금지되어 있어 이를 공씨의 사유재산으로 줄 수도 없고, 보존은 해야 되겠고, 그렇다고 정부에서 몰수할 수도 없어 난감해하고 있었는데, 세계문화유산으로 신청을 하여 이런 모든 문제가 일시에 해소되었다는 것이다.

중국의 스승의 날―공자 탄신일

중국 대륙에서는 우리의 스승의 날을 '교사절教師節'이라고 하는데, 날짜가 여러 번 바뀌다가 1985년부터는 9월 10일로 정해 놓고 행사를 치른다. 대만에서는 공자 탄생일인 9월 28일이 교사절이다. 홍콩도 전에는 9월 28일이 교사절이었지만 중국으로 반환된 후에는 9월 10일로 바뀌었다.

대만에서는 9월 28일 새벽에 교육부 장관이 제주祭主가

자공이 시묘를 한 곳

되어 공자에게 제사를 지낸다. 오래 전의 일이지만 필자가
유학 시절에 이 제사에 초대되어 참석한 적이 있다. 어린 학
생들이 나와 일무 춤도 추고 엄숙하게 행사가 진행되었다.
그런데 제사상을 보고는 깜짝 놀랐다. 소, 돼지, 양 등의 희
생물을 통째로 제사상에 올렸기 때문이다. 제사상에는 산적
이나 올리는 줄 알았던 필자에게는 충격적인 장면이었다.
그리고 제사가 다 끝나고 제물을 철상撤床하는데, 일꾼들이
소를 메고 나가자 어디서 나타났는지 아주머니들이 우르르
철상하는 소를 따라갔다. 호기심에 나도 모르게 사진을 찍
느라고 따라갔다가 그만 사람들에게 떼밀려 소 위에 쓰러지
고 말았다. 그런데 아주머니들이 소에 달라붙어 소의 머리

털을 마구 뽑고 있는 것이 아닌가? 필자는
영문도 모른 채 엎어진 김에 아주머니들을
따라 소의 머리털을 몇 개 뽑을 수 있었다.
나중에 안 일이지만 공자님께 제사 지낸 소
의 머리털을 '지혜모智慧毛'라 하여 엄마들이
공부 잘하라고 자식들에게 부적으로 달아 준
다는 것이었다. 대만 엄마들도 자식 교육에
얼마나 극성인지, 너무 많은 엄마가 한꺼번에 달려들어 아

제상에 올린 양 제물

수라장이 되어 넘어지고 하는 불상사가 자주 생긴다고 하였
다. 그래서인지 다음 해 신문에 작은 홍보 글이 실렸다. "올
해의 제상에 올리는 소 머리는 전부 삭발(?)을 했으니 어머
니들은 오지 마세요"라는…….

그때 뽑았던 지혜모가 지금 어디에 박혀 있는지 알 길이
없으나, 그 때문인지 필자는 아직도 공부를 계속하고 있다.

중국에 가장 많은 공자 사당, 공묘

중국인들에게 공자는 영원한 대스승이다. 중국 전역에
가장 많이 있는 사당은 바로 공자 사당인 공묘다. 규모가 크
면 큰 대로, 작으면 작은 대로 도시마다, 마을마다 있다고
해도 과언이 아닐 정도다. 공묘에는 일반적으로 대성전, 영
성문 등 정형화된 건물들이 있다. 대성전 안은 공자의 주옥

▲대성전 앞의 향로
▼향로 속의 수험표들

같은 글들로 장식되어 있다. '가르침에는 차별이 없다'는 뜻의 '유교무류有教無類'를 가장 많이 볼 수 있다. 공자 이전에는 관학이 주류를 이루었지만, 공자가 귀천의 구분 없이 학생들을 받아들여 가르침으로써 좋은 사학의 본보기를 만들어 냈다. 타이완의 타이페이에 있는 공자 사당에 간 적이 있는데, 이곳은 날씨가 더운 탓인지 북방에서 흔히 볼 수 있는 은행나무가 없고 대신 야자수가 심어져 있는 것이 인상적이었다. 마침 일본인 일행이 와서 가이드가 설명하는 것을 들으니 대성전 앞의 향로 속을 보라고 하였다. 들여다보니 그 안에 종이쪽지가 수북이 쌓여 있었다. 그것은 모두 대입을 앞둔 학생들의 수험 번호였다. 이 향로 속에 수험표를 넣을 때 얼마나 간절한 마음으로 공자에게 빌었을 것인가? 넘어지면서 소의 머리털을 뽑던 엄마들의 마음이든, 향로에 수험 번호를 넣었을 학생들의 마음이든 공부 잘하게 해 달라는 염원은 한결같았을 것이다.

맹자의 고향을 서성이며
—발묘조장

拔苗助長

급하게 서두르다 오히려 일을 망친다는 뜻.

拔 : 뺄 **발**
苗 : 싹 **묘**
助 : 도울 **조**
長 : 긴 **장**

옛날 중국 송나라에 한 농부가 살고 있었다. 어느 봄날 열심히 모내기를 하고 돌아왔다. 그다음 날부터 벼가 얼마나 자랐는지 매일 논에 나가 보았으나 하루, 이틀, 사흘이 지나도 별반 큰 것 같지가 않았다. 벼가 자라지 않자 이 농부는 몹시 마음이 초조해지기 시작하여 논 주위를 서성이며 혼잣말로 중얼거렸다. "어떻게든 벼가 빨리 자라게 해야겠어."

하루는 무슨 방법이 생겼는지 아침 일찍 급히 논으로 나갔다. 그리고는 벼를 한 포기, 한 포기 뽑아 올려 벼의 키를 높여 놓았다. 이렇게 아침부터 저녁까지 온 논의 벼를 뽑아 올려 놓고는 집으로 돌아와 집안사람들에게 의기양양하게 말했다.

"아, 오늘 정말 피곤하구나. 내가 오늘 하루 종일 벼 자라는 것을 도와 주고 왔다."

　이 말을 들은 아들이 급히 논으로 나가 보았다. 세상에!
온 논의 벼들이 이미 말라 죽거나 물에 둥둥 떠다니는 게 아
닌가?

　이 이야기는 《맹자·공손추상》에 나온다. 맹자와 그의 학
생인 제나라 사람 공손추와의 대화 한 토막이다. 글자 그대
로 해석하면 '싹을 뽑아 크는 것을 도와 준다'는 뜻으로, 좋
은 의도인 것 같지만 오히려 그 반대로 망쳐 버리는 것을 말
한다. 맹자는 이 이야기를 빌려 자신의 학생에게, 사물이 발
전해 나가는 객관적인 규율을 위반하고 주관적으로 급하게
행동하면 오히려 일을 망친다는 교훈을 가르치고 있다.

맹자와 그의 저서 《맹자》

　맹자(기원전 약 372~289)의 이름은 맹가孟軻, 추(鄒 : 현재의 산
동성 추현)나라 사람이다. 전국시대의 노나라 귀족 맹손씨의
후예다. 그는 공자의 손자인 자사子思의 문하생으로 공자의
학설을 몹시 존중하여 후세에 '아성亞聖'으로 추앙받았다.
맹자는 공자를 본받고자 노력했으며 자신도 많은 문하생을
두고 각국으로 유세를 다녔다. 제나라를 세 번이나 찾아가
유세를 하고, 한때는 제나라 선왕宣王의 객경客卿이 되기도
했다.

맹자는 만년에 그의 제자인 만장萬章 등과 《맹자》를 편찬하였다. 《맹자》는 전 7편이고 편마다 상·하 두 장으로 나누어져 있다. 내용은 맹자가 어떻게 당시의 각국 군왕들에게 인정仁政을 실행해야 하는지를 설파한 것이다. 《맹자》

는 한나라 때부터 영향력이 아주 커지고, 북송시대에는 유가의 경전이 되었다. 게다가 남송의 주희가 《맹자》를 '사서'의 하나로 삼아 그 가치가 더욱 높아지게 되었다. 《맹자》는 유학자들의 입문서인 동시에 과거 시험의 필독서였다.

맹자 사당, 맹묘

공자의 고향인 산동성 곡부 근처에 위치한 추성鄒城은 맹자의 고향이다. 추성현에는 맹자 사당인 맹묘孟廟와, 맹자가 살았다고 하는 집 맹부孟府가 있다. 맹묘는 아성묘亞聖廟라고도 부르는데 맹자에게 제사 지내는 곳이다.

기록에 의하면 북송 경우景祐 4년(1037)에 건축되었고 금·원·명·청대를 거치며 중수되었다고 한다. 건물은 5진원락五進院落 구조로 되어 있다. 5진원락이란 말이 중국식 건축물을 말할 때 자주 쓰이는데, 대문에 한 번씩 들어설 때마다 사합원 형태의 정원이 하나씩 있고, 이 대문을 다섯 번

고졸의 멋
맹묘와 맹부의 담장에 붙어 있는 작은 창고의 문인데, 빗장의 장식을 종 모양으로 만들었다. 아침 햇살이 살포시 내려앉았다.

들어서야 막다른 곳에 다다르게 되는 형식이다. 건물이 클수록 대문이 많아지는데, 일반적인 부잣집은 3진원락이 많고, 부와 권세에 따라 5진원락, 7진원락, 9진원락, 이런 식으로 점차 많아진다. 공자 사당인 공묘는 9진원락이다. 즉 대문을 아홉 번 들어서야 건물 끝에 이를 수 있다.

맹묘는 아성전이 중심에 위치하고 있고, 중심축에는 남쪽에서부터 북쪽으로 영성문欞星門·석방石坊·의문儀門·아성전亞聖殿·침전寢殿이 차례로 배치되어 있다.

영성문은 일반적으로 건물의 맨 앞에 있는 문인데, '영성'은 하늘의 문성文星이기 때문에 과거에 황제들이 하늘에 제사를 지낼 때 일반적으로 영성에 제일 먼저 제사를 지냈다. 여기에는 '인재를 배출해야 국가에 쓸모가 있다'는 뜻이 담겨 있다. 공묘나 맹묘의 영성문은 하늘에 제사를 지내듯이 그 규모가 큰 것을 상징하는 데 의미가 있다고 볼 수 있을 것이다. 공묘의 영성문이라는 편액은 청대의 건륭황제가 썼다고 하는데, 맹묘의 것은 누구의 글씨인지 아직 확인을 못 하였다.

영성문을 중심으로 좌우 양쪽에 대칭으로 계성전啓聖殿·

맹모전孟母殿·치엄전致嚴殿·조주
사祧主祠·동서무東西廡·제기고祭器
庫·성성소省性所, 강희康熙 및 건륭
어비정乾隆御碑亭 등이 배치되어 있
다. 침전에서는 맹자의 부인 전田씨
에게 제사 지냈다고 한다. 전 앞에
회檜나무 세 그루가 있는데, 송 선
화宣和 연간에 심은 것으로 8백여 년의 역사를 자랑한다.

아성 패방
마을 입구에 아성이라고
크게 쓰인 패방이 세워져
있다.

맹부와 맹림

맹부는 아성부亞聖府로도 불리며 맹묘 서쪽에
있다. 맹자의 후예가 사는 곳과 공무를 처리하는
곳으로 나뉜다. 맹자 가문은 명대까지 '한림원 오
경박사'의 관직을 세습하며 이곳에서 성지도 받
고 문무 관원도 접대하고 공무 및 가무家務도 처리했다고 한
다. 맹부에는 아직도 황제가 내린 조복朝服·성지聖旨·고봉
誥封과 집안에 전해져 오는 보석·종족당안宗族檔案·인서목
판印書木版·고서古書 등이 보존되어 있다.

맹부는 7진원락의 구조로 되어 있다고 설명되어 있었지
만, 필자가 다 못 보았는지 5진까지밖에는 확인을 못 하였다.

대문 위에 아성부라고 쓰여 있고, 아래 대문에는 중국 사

맹씨소학루
1943년에 맹씨의 74대손
맹번기孟繁驥가 맹씨 후손
들을 가르치기 위하여 지
었다고 한다. 현재는 사용
하지 않고 말라 버린 담쟁
이덩굴로 둘러싸여 있다.

람들의 최대의 명절인 춘절을 맞은 지 얼마 안 되었기 때문
에 새로 붙인 채색의 문신門神이 양쪽에 깨끗이 붙어 있다.
대문을 들어서자 마주하게 되는 이문二門에도 역시 문신이
붙어 있었는데, 대문의 문신은 무관상인 반면에 이문의 문
신은 문관상이었다. 대문은 예전에는 황제의 성지를 맞을
때나 경축 행사, 제례 등이 행해질 때에만 열렸다고 한다.

건물에는 루樓·당堂·각閣·실室이 일백여 칸이나 있다.
대당大堂을 경계로 앞에는 관아官衙, 뒤에는 내택內宅이 있
고, 관아 대문은 3영櫺으로 되어 있다.

관아에 이전에 공무를 보았던 형태를 재현해 놓았는데,
왼쪽에는 '오경박사', '세습 한림원', '아성부' 라는 세 개의
팻말이, 오른쪽에는 '정숙하라' 는 뜻의 '숙정肅靜' 과 행차가
나갈 때의 '물렀거라' 라는 의미의 '회피迴避' 라는 팻말이 놓
여 있다.

맹자의 적손 장자들은 명대 이전에는 추현의 주부主簿를
봉받았다. 주부는 부현급 관원이었다. 그 후에는 한림원 오
경박사직을 세습하였다. 그 후로 중단됨이 없이 이어져 오
다가 민국에 와서 봉사관奉祀官으로 개칭되었다. 오경박사
나 봉사관은 8품이지만 모두 허직이다. 그래서 실제적인 권
력은 없었다. 그 직책은 주로 맹묘를 보호하고 선조에게 제
사 지내고 유가 문화를 선전하는 것이었다. 작위는 그리 높

지 않지만 대대로 세습되며 7, 8백 년 이어져 내려왔으니 이러한 귀족도 드물 것이다.

맹부 안에는 또 바람직한 치맛바람의 대명사인 '맹모삼천지교'라든가 '단기지교斷機之 敎' 같은 비석들이 놓여 있다. 또 하나 흥미로웠던 사실은 맹부 안에 작은 소학교가 있다는 것이었다. 맹씨의 후예가 1943년에 건축하였다고 하는데, 지금은 전혀 사용되지 않아서 마른 담쟁이덩굴만 건물을 에워싸고 있었다.

▲ '오경박사', '세습 한림원', '아성부'라고 쓰인 팻말이 공무를 보는 청사 안에 있다.

▼ "정숙! 물렀거라!"라는 뜻의 '숙정', '회피'라고 쓰인 팻말이 청사 안에 있다.

이 외에 조금 더 가면 맹림孟林과 맹모림孟母林이 있다.

맹림은 맹자와 그 후예들의 묘지로 추성에서 동북쪽으로 12.5킬로미터 떨어진 사기산四基山 서쪽 기슭에 위치하고 있다. 북송 경우景祐 4년(1037)에 맹자의 후손이 이곳에서 맹자묘를 발견했으며, 이후 묘지 옆에 사당을 짓고 이곳에서 제사를 지내고 있다.

정전 뒤에 맹자묘가 있고 비석이 세워져 있는데 '아성맹자묘亞聖孟子墓'라 새겨져 있고, 주위에는 돌로 된 묘원이 조성되어 있다고 한다. 시간이 없어서 이곳은 둘러보지 못하였다.

멀고도 먼 조식의 무덤 가는 길
―재고팔두

才高八斗

재주의 뛰어남이 여덟 말이라는 말로 문인의 재주가 뛰어나다는 뜻.

才 : 재주 재
高 : 높을 고
八 : 여덟 팔
斗 : 말 두

〈적벽대전〉이라는 영화가 인기였다. 웅장한 스케일이 돋보인 이 영화는 전편과 후편으로 나뉘어 제작되었다. 적벽대전은 뭐니 뭐니 해도 조조와 제갈량의 지혜 싸움이라고 하겠다. 조조도 출중한 재주를 지녔지만, 그의 두 아들 조비曹조와 조식曹植도 문재가 뛰어났다. 특히 '이 세상의 재주가 열 말이라면 그중의 여덟 말은 조식이 가졌다' 는 뜻을 지닌 '재고팔두' 라는 말까지 들었던 조식은 그야말로 천재였다.

천재 조식

조식(192~233)의 자는 자건子建이며 안휘성 박현亳縣 사람이다. 어려서부터 재주가 남달라 시와 문장에 뛰어났다. 조조의 세 번째 아들로 진사왕陳思王에 봉해졌다. 조식은 어려서부터 똘똘했기 때문에 아버지 조조의 총애를 한 몸에 받아 태자를 폐위하고 조식을 봉하려 하기도 하였다. 그러나 크면서 분방한 성격 때문에 총애를 잃고 태자인 형 조비의 미움도 받았다.

조조, 조비, 조식의 조각상

한나라 헌제獻帝 건안建安 20년에 조조가 병사하고 그 아들 조비가 위왕魏王이 되었다. 조비는 비록 권좌에 올랐으나 동생 조식이 늘 마음에 걸렸다. 그리하여 부친의 문상을 문제 삼아 4천의 병사를 보내 그를 체포하게 했다. 그러자 어머니가 조비에게 애걸했다. 조식이 재학才學은 높으나 권좌에는 뜻이 없으니 어떠한 잘못이 있더라도 목숨만은 보존하게 해 달라고 부탁하였다. 그러자 모친의 간곡한 청을 물리치지 못하고 조비가 승낙했다. 이때 조식이 편전에 들었다는 말을 듣고 신하가 조비를 찾아와서는 조식을 빠른 시일 내에 제거하라고 종용하였다.

그러나 조비는 모친과 약속했기 때문에 망설였다. 그러자 분위기를 읽은 신하가 조식을 제거할 방책을 내놓았다.

"사람들이 그를 따르는 것은 그의 뛰어난 문재文才 때문입니다. 전하께서 사람을 시켜 그의 재주를 시험해 보시고 시답詩答을 분명히 하지 못하면 멀리 귀양을 보내시어 다시는 문인들의 입에 오르내리지 않게 하십시오."

이에 조비는 형제간의 우의를 제목으로 조식에게 일곱 걸음 걸을 동안 시를 지으라고 조식에게 명했다. 물론 시구에는 형제라는 말을 써서는 안 되었다. 그러자 조식이 신기에 가까운 재주로 멋진 시를 지었다. 일곱 걸음 걸을 동안에 시를 짓게 하였기 때문에 〈칠보시七步詩〉라는 이름을 후인들이 붙였다.

煮豆持作羹, 漉菽以爲汁(자두지작갱, 록숙이위즙)

其在釜下燃, 豆在釜中泣(기재부하연, 두재부중읍)

本自同根生, 相煎何太急(본자동근생, 상전하태급)

콩을 삶아 국을 끓이려고
된장을 걸러 국물을 만들었네.
콩대가 솥 밑에서 타니
콩이 솥 안에서 우네.
본래 한 뿌리에서 나왔는데
어찌 이다지 급히 삶아 대는가?

조식의 천재성이 십분 발휘된 유명한 〈칠보시〉다. 조비도 이 시를 듣고는 눈물을 흘리고 차마 조식을 죽이지 못했다고 한다. 남조南朝의 사령운謝靈運이 조식을 칭찬하며 다음과 같이 말했다.

"천하의 재주는 전부 한 섬 열 말인데, 자건(조식) 혼자서 여덟 말을 얻었고, 한 말은 내가 갖고, 한 말은 천하가 나누어 가졌다〔天下才有一石, 曹子建獨占八斗, 我得一斗, 天下共分一斗〕." 나머지 두 말 중 한 말은 자신이 가졌다고 할 만큼 사령운도 무척 자부심이 강한 사람이었는데, 그런 그가 조식을 이토록 높이 평가했던 것이다.

조비가 황제가 된 후 조식은 더욱더 시기와 박해를 받았다. 그래서 왕에서 후侯로 작위가 강등되었다. 황초 3년에 산동성 동아東阿 지역을 봉받고, 4년에 옹구왕에 봉해졌다. 태화 원년(227)에 조비가 죽고 조예曹叡가 즉위한 후에 다시 진왕陳王에 봉해졌지만 울울하게 살다 죽었다. 사思라는 시호가 내려졌기 때문에 세상에서는 조식을 진사왕陳思王이라고 부른다. 조식은 여러 차례 중용되기를 간청하는 상소를 올렸지만 끝내 이루지 못하고 41세 때 요절하였다.

형수 견씨와 〈낙신부〉

조비가 조식을 미워한 것은 그의 아내 견씨甄氏를 조식이 좋아했기 때문이라고도 한다. 조식이 쓴 〈낙신부〉를 소재로 한 그림으로 고개지顧愷之의 〈낙신부도洛神賦圖〉가 있다. 이 그림은 중국 고대의 회화 명작인데, 그중에서도 조식과 낙신이 서로 만났다가 헤어지는 정경이 사람을 감동시킨다.

그림 속의 낙신이 천천히 떠나면서 애달픈 모습으로 조식을 돌아보고 어찌할 수 없는 심정을 나타내듯 깊이 탄식을 하고 있다. 조식은 조용히 앉아 있고, 그 옆의 시종도 묵묵히 앉아 있다. 주위의 풀조차 미동도 하지 않고 있는 것이 마치 조식의 마음속 같다. 그것은 마치 보고도 못 본 것 같으며, 다정하지만 무정한 듯한 느낌이다. 주위의 적막함이 조식의 고독과 어찌할 수 없음을 표현해 내고 있다. 그림 속의 두 사람은 말이 없는 가운데 눈빛으로 대화를 나누는 듯하다.

이 〈낙신부〉의 원제는 〈감견부感甄賦〉다. 이 글에서 조식은 형수인 황비 견씨를 추상적인 모습으로 시작하여 구체적인 모습으로 형상화시켰다. 그녀의 자태와 풍모, 맑은 눈, 붉은 입술, 가는 허리, 매끈한 피부 등을 하나하나 묘사하여, 마치 견씨의 목소리를 듣는 것 같고 그 모습을 보는 듯하다.

견씨는 세 살 때 아버지를 여의고 어머니 밑에서 자랐다. 커서는 원소袁紹의 아들 원희袁熙에게 시집을 갔다. 그러나 그녀가 남긴 시를 보면 결혼 생활이 그다지 즐겁지 않았던 것 같다. 동한 헌제 7년에 조조에게 패한 원소가 병사하였다. 조

〈낙신부도권〉(첫 번째)

조가 이 기회를 틈타 공격하자 원희가 패
잔병들을 거느리고 요서로 도망을 갔는데,
어찌 된 일인지 견씨는 도망가지 않고 조
조군의 포로가 되고, 그 후 조비의 아내가
되었다.

〈낙신부도권〉(일부)

　포로가 된 견씨는 조조의 의미심장한 눈빛과 마주칠 때면
이상하게 무서운 생각이 들었다. 그러나 자신보다 다섯 살
이 어린 조조의 큰아들 조비가 그녀에게 마음을 다하여 사
랑 어린 눈빛을 보낼 때에는 영혼의 깊은 곳에서 알 수 없는
기쁨과 환상이 생겨났다. 그리고 자기 나이의 반밖에 안 되
는 조식의 치기 어린 사랑은 천진난만한 어린아이의 마음으
로 받아들였다. 그러나 부지불식간에 어느덧 모성애와 누나
같은 마음이 생기게 되었다.

　당시 조조는 천하를 얻고자 전력을 다 기울이고 있었고,
조비도 관직에 있다 보니 몹시 바빴다. 그래서 조식만이 틈
날 때마다 견씨와 자주 만나게 되었다. 함께 있는 시간이 많
아지다 보니 조식과 견후의 감정이 점점 무르익어 갔다.

〈낙신부도권〉(네 번째)

한 헌제 25년(220)에 황제 자리에 오른 조비는 낙양에 도읍을 정하고 삼국 중 한 나라인 위나라를 건국하였다. 견씨는 비에 봉해졌다. 견비는 이때 나이가 40에 가까웠으나 조비는 34세의 한창 나이이고 아름다운 후궁들이 궁 안에 즐비했기 때문에, 견씨는 점차 총애를 잃고 우울하게 살다가 조비가 황제가 된 다음 해에 세상을 떠났다.

조비 즉위 다음 해에 조식이 봉지에서 서울로 돌아와 황제를 알현하자, 조비는 어린 동생에게 조금 미안한 마음이 들었던지 견씨가 늘 사용하던, 금이 상감된 옥베개를 기념으로 주었다. 참으로 선물치고는 기이하기 짝없었지만, 조식은 이 옥침을 애지중지하며 기뻐하였다. 비록 형제지간이라 하더라도 군신지간이므로 이런 규방의 베개를 선물로 준다는 것은 예의상으로도 설명하기 어려운 일이었다. 조식이 이 베개를 안고 다시 봉지로 돌아갈 때 꿈속에서 홀연히 견씨를 만나고 깨어난 후 〈감견비感甄妃〉를 지었다. 조비는 이를 그다지 마음에 두지 않았지만, 4년 후에 조비의 아들 조예가 위명제로 등극한 뒤 〈감견비〉를 〈낙신부〉로 바꾸라고 명하였다. 조비 사후에 많은 군신이 조식을 황제로 옹립하고 싶어하였기 때문에, 조예는 즉위 후에 이 재주 많은 숙부를 늘 경계하였다. 그래서 봉지를 계속 바꾸었기 때문에 조식은 이리저리 부평초처럼 떠돌아다니느라 고생이 심하였다.

멀고 먼 조식의 무덤 길

조식의 무덤은 산동성 동아현의 어산魚山 서쪽 기슭에 있으며 위 태화 7년(233)에 건설되었다. 수나라 개황 13년(593)에 건립된 〈조식묘신도비명曹植墓神道碑銘〉에는 조식의 제11세손인 조영락曹永洛이 황제의 동의를 얻어 어산 기슭에 사당을 중건하였다고 기록되어 있다. 묘 앞에는 역대의 문인, 학자 들의 제시題詩 비석이 가득 있으며 보존 상태도 좋다.

1951년 6월에 조식묘를 발굴하자 그 속에서 도기, 동기, 석기 등 132점이 나왔다. 그 후에 또 오랫동안 방치되었던 묘실 등을 발굴하고, 1981년과 1986년에 대대적으로 수리를 하였다. 1993년에는 동아현에서 조식묘 주변 환경을 정리하여 공원화하였다. 1996년 11월에는 국무원이 전국중점문물보호단위로 지정하였다.

중국의 명승지를 돌다 보면 늘 느끼는 것이지만, 그 고장의 인물이나 물건 들을 과대 포장하여 관광 상품화하는 것이 중국인의 기질인 듯하다. 그리고 그 하나에 의지해 마을 사람 전체가 살아가고 있는 듯한 느낌을 받는다.

조식을 기념하기 위한 어산 유람 지역에는 조식의 무덤과 기념관 및 자건 사당 등이 있다. 모든 자료 조사를 끝내고 이러한 것들을 둘러보기 위하여 지난 2월에 산동성 동아현을 찾아갔다. 우리 일행을 태운 버스가 조식의 무덤을 물어

조식묘

물어 어느 작은 마을로 들어갔을 때였다. 갑자기 오토바이를 탄 할머니 한 분이 튀어나오는 바람에 버스 기사가 급커브를 틀었다. 버스 안의 사람들도 모두 놀랐다. 기사는 버스를 세우고 혹시 할머니가 다치지나 않았나 보러 갔다. 그런데 제풀에 놀라 넘어졌다가 일어서려던 할머니가 다가오는 버스 기사를 보자 곧 그 자리에 다시 드러누웠다. 이것이 커다란 사건의 발단이 될 줄은 아무도 몰랐다. 할머니가 "아이고, 나 죽네!" 하면서 소리소리 지르자 순식간에 마을 사람 수십 명이 달려 나와서는 한마디씩 거들었다. 말로만 듣던 인민재판이었다. 그러기를 몇 시간, 공안이 와서 중재를 하려 해도 도무지 타협점이 찾아지지 않았다.

몇 시간 동안 버스 안에 있던 우리도 인내의 한계에 다다라서 이미 어둑해진 차창 밖으로 10여 명이 플래시를 터뜨리며 사진을 찍어 대었다. 목적은 사진을 찍기 위한 것이 아니라 우리도 있다는 것을 보여 주기 위한 일종의 시위였다. 이에 마을 사람들이 움찔하고, 공안도 버스 안에 있는 사람들이 외국인이라는 것을 알고는 좋은 방향으로 해결하려고 하였다. 그러나 이미 시작된 마을 사람들의 인민재판은 끝이 나지를 않았다. 겨우 어떻게 해서 마을 사람들 속에 잡혀 있던 기사가 올라와 시동을 걸고 떠나려고 하자, 마을 사람들이 그 동네의 나이 많은 할머니를 차 앞에 세워 두고 차가 움직이지도 못 하게 하고 차를 마구 흔들어 대었다. 차를 전복시키려 하는 것처럼 보여 버스 안의 우리는 내심 무서웠다. 가까스로 공안이 사람들을 제지하여, 우리는 조식의 무덤은 가 보지도 못한 채 시내로 들어가 호텔로 갔다. 호텔에서는 공안에서 높은 사람이 나와 우리를 기다리고 있었다. 그러면서 제발 이 일을 한국에 가서 신문에 내지 말아 달라고 부탁하였다. 그러나 버스 기사는 사고 자동차와 함께 다시 사건 현장으로 가야 한다고 하며 데리고 갔다. 다음날 여행사측에서 예쁜 다른 기사를 보내 주어 우리 일정을 소화할 수 있었다. 하루가 지난 후 본래 버스 기사가 왔는데 4천 원의 합의금을 주고 풀려났다고 한다. 아니, 버스에 닿지도 않았는데 4천 원이라니, 중국 대졸자 초임이 3백~6백 원이라는데…….

후에 들은 이야기인데, 어느 한국 분이 차를 몰고 중국 시골길을 가다가 병아리 한 마리를 치었다고 한다. 그랬더니 마을 사람들이 나와서 이 병아리를 키워서 개를 사고, 개를 키워서 돼지를 사고, 돼지를 키워서 송아지를 사고, 송아지를 키워서 큰 소로 팔려고 했으니 소 값을 물어내라는 것이었다. 처음엔 우스갯소리로 들었는데 정말 그 말이 맞았다. 중국에 가면 병아리가 자동차에 치이지 않도록 요주의!!!

키 작은 안자와 그의 마부
—득의양양

得意揚揚

뜻한 바를 이루어 우쭐거리며 뽐낸다는 뜻.

得 : 얻을 **득**
意 : 뜻 **의**
揚 : 오를 **양**
揚 : 오를 **양**

'득의양양'은 '뜻한 바를 이루어 우쭐거리며 뽐내는 것'을 말한다. 득의양양得意洋洋이라고도 쓰는데, 사마천이 지은 《사기·관안열전管晏列傳》의 '의기양양하여 몹시 만족하다〔意氣揚揚, 甚自得也〕'라는 말에서 유래하였다. 〈관안열전〉의 관안은 관중管仲과 안영晏嬰을 말하며, 이들은 둘 다 제나라의 명재상으로 제나라를 천하의 강국으로 만들었다. 안영은 관중보다 약 100여 년 후의 인물인데, 사마천은 이 둘을 함께 거론하고 있다.

안영은 춘추시대 제나라의 정치가로 시호는 평중平仲이며 통칭 안자晏子라고 한다. 지금의 산동성 유방시濰坊市 고밀高密 사람이다. 제나라의 영왕靈王·장왕莊王·경

거마출행도 탁본

왕景王 3대를 섬긴 근면한 정치가로 국민의 신망이 두터웠다. 기억력이 뛰어난 독서가에 탁월한 외교관이자 업적이 뛰어난 정치가였으며 합리주의적 경향이 강하였다고 한다. 《안자춘추晏子春秋》는 그의 저서로 전해지지만 후세에 편찬된 것이다.

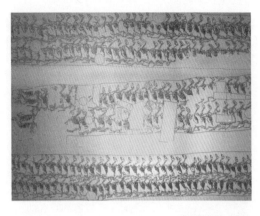

제 경왕 무덤의 순마

이처럼 훌륭한 명재상 안영의 마차를 모는 마부가 있었는데, 사람들이 안영의 마차가 지나갈 때 고개를 숙여 예를 표하는 것을 보고 마치 자기가 안영이 된 듯 착각에 빠져 있었다.

마부의 처는 남편이 몹시 우쭐댄다는 소문을 듣자 몹시 불안하였다. 하루는 안영의 마차가 자신의 집 앞을 지나간다는 소리를 듣고는 문틈으로 남편이 마차를 모는 모습을 보았다. 과연 남

치박시에 있는
고차박물관 내의 모습

편은 마차를 아름답게 꾸미고 화려한 마차 덮개까지 씌운 채 마차를 몰고 있었는데, 그 모습이 자못 득의양양하였다〔意氣揚揚, 甚自得也〕.

그날 저녁에 남편이 집에 돌아오자 아내가 이혼하자고 하

거마출행도 탁본
제일 윗 그림은 악기를 연주하고 있고, 가운데는 신하들이 공손히 배웅하는 모습이고, 마지막 그림은 마차를 타고 외출하는 장면이다.

였다. 청천벽력 같은 이 말을 듣고 마부가 깜짝 놀라 그 이유를 물었다. 그러자 아내가 말하였다.

"안자께서는 여섯 척의 키로 나라의 중임을 맡고 계시며 그 이름이 만천하에 퍼져 있습니다. 그분은 마차에 앉은 채 조용하고도 신중한 태도로 조금도 자만하는 빛을 보이지 않으셨습니다. 그러나 당신은 키가 팔 척이나 되는데도 마부 노릇이나 하면서 의기양양해하며 몹시 거만한 모습을 보였습니다. 당신이 이렇게 제멋대로 잘난 체하니, 제가 어떻게 당신과 함께 결혼 생활을 계속할 수 있겠습니까?"

이 말을 듣자 마부는 몹시 부끄러웠다.

이때부터 마부는 행동거지를 조심하고 사람을 대할 때 매우 겸손한 태도를 보였다. 마부가 갑자기 변한 모습을 보고 안영이 이상하게 생각하고 자세히 물어 본 후 그 이유를 알게 되었다. 그리고는 마부가 개과천선한 것을 칭찬해 주고, 또 나중에 그를 대부직에 추천하였다.

여기서 유래한 득의양양이라는 말과 함께 '안자어晏子御'라는 말도 쓰는데, 이것은 안자의 마부라는 말로 '어쭙잖은 지위를 믿고 잘난 체하는 기량이 작은 사람'이라는 뜻이다.

이 고사성어 '득의양양'은 사람의 겉모습만 보고 판단하지 말고 그 인물 됨을 보아야 한다는 교훈을 주고 있다. 안자의 키는 6척이라고 하였는데, 6척이면 대체 어느 정도의 키일까? 춘추시대의 1척은 지금으로 치자면 23.1센티미터다. 그렇다면 안자의 키는 6척이니 140센티미터가 채 안 된다. 재미있는 것은 안자의 마부의 키는 8척이니 184센티미터나 된다. 184센티미터는 요즈음의 키로 볼 때에도 큰 키다. 일대의 영웅 조조 역시 키가 크지 않은 정치가였다. 그래서 조조를 "키는 왜소하지만 능력은 출중했다"라고 표현하고 있다. 키가 크지 않으면서도 역사에 이름을 남긴 사람이 아주 많다. 우리나라의 녹두장군 전봉준은 키가 150센티미터로 녹두처럼 작다고 해서 이런 별호가 붙었다고 하지 않던가? 또한 강감찬 장군과 나폴레옹의 키도 157센티미터였고, 등소평의 키는 158센티미터, 도요토미 히데요시의 키는 155센티미터, 영국의 빅토리아 여왕의 키는 152센티미터였다고 한다. 그러나 이런 사람들을 생각할 때 키를 제일 먼저 떠올리는 사람은 그다지 많지 않다. 이들의 업적, 이들의 인간 됨과 함께 이들의 아우라(aura)가 너무 커서 압도될 정도다.

인류의 키는 점점 커져 가고 있는데, 가장 큰 원인은 아마도 영양일 것이다. 2만 년 전의 남성의 평균 키는 135센티미터였으며 3백 년 전에는 165센티미터로 커졌다. 현재는 가속도로 증가되어 176센티미터가 되었다고 한다. 135센티미터에서 165센티미터가 되기까지 30센티미터가 크는 데는 3백 년이 모자라는 2만 년이 걸렸는데, 3백 년 만에 11센티미터가 커졌으니 가히 놀랄 만한 속도다.

세계에서 가장 키가 큰 나라는 네덜란드로 현재 평균 키가 185센티미터라고 한다. 미국이나 영국인보다 키가 크다. 2천 년 전의 《한서 · 지리지》에는 당시의 일본인이 왜인倭人으로 기록되었다. 또한 《삼국지 · 위지魏志》 왜인전에도 왜倭라고 기록되어 있다. 그래서 그 후에는 일본인이 왜인으로 불리게 되었다. 일본 역시 왜라는 명칭을 사용했으나 후에 왜倭라는 한자가 작은 사람을 뜻하는 왜인矮人으로 받아들여져 이 왜倭 자를 화和 자로 바꾸고(倭와 和는 일본 발음으로 모두 wa다), 앞에 또 대大 자를 붙여 야마토(大和) 민족이라고 하였다. 사실 왜倭는 순종한다라는 뜻인데, '왜倭' 자의 글자 모습이 키가 작다는 뜻의 '왜矮' 자를 연상시키기 쉽다. 그러나 사실 일본인이 평균적으로 작은 것만은 확실하다.

그런데 안타깝게도 북한의 남자 평균 키는 155센티미터인 반면에 남한의 남자 평균 키는 172센티미터라고 한다. 이것 역시 영양 관계인 것 같아 북한의 동포들을 생각하면 가슴이 아프다.

안자의 마부에 대해 생각하다 보니 진시황 병마용 속의 어수용御手俑이 머릿속에 떠오른다. 병마용 속에는 전차가 130여 대가 있고, 전차마다 한 명의 전차를 모는 토용이 있는데 이들을 어수용이라고 한다.

일반적으로 전차에는 어수가 중앙에 한 명 있고 좌우로 또 한 사람씩 있다. 어떤 마차에는 두 사람만 있고, 네 사람이 있는 경우도 있다. 어수용의 특징은 머리에 긴 모자를 쓰고 몸에 갑옷을 걸치고 있는 것이다.

어수용

말을 모는 자의 직무는 당연히 말을 잘 모는 것이니, 말과 마차를 안전하게 잘 몰아야 할 것이다. 그렇게 하지 못하면 당연히 직업을 잃어버릴 것이다. 특히 전차라면 어수의 책무가 상당히 중요하다. 전쟁터에서 전차를 잘못 몰면 군대 진영을 흐트러뜨려 일대 혼란을 일으킬 것이고, 그 결과 패하고 말 것이다.

이처럼 어수의 책무가 중요하였기 때문에 진나라 때 어수를 매우 엄격하게 선발하고 또 혹독하게 훈련시켰다. 한 사람의 완벽한 어수가 되기 위해서는 4년간 훈련을 집중적으로 받아야 했다. 4년이 지나도 말을 몰지 못하면 그를 가르친 교관이 엄한 처벌을 받았고, 본인도 물론 면직된 뒤 4년간 부역을 해야 했다. 선발 기준을 보면 표준 연령 40세 이

서한 화상석의 거마출행도

하에 키는 173센
티미터 이상이어
야 했다. 또 행동
이 민첩하고 빠르
며 힘이 장사여야 했다.

　이런 점을 고려할 때 안영의 마부의 키가 184센티미터인
것은 안자가 중요한 인물이어서 아주 힘이 좋고 건장한 사
람을 선발했기 때문일 것이다. 춘추전국시대에 종지부를 찍
고 진시황이 진나라로 통일하였으므로 제나라와 진나라의
시대 간격이 그리 크지 않았기 때문에 선발 조건이 비슷하
였을 것이다.

　'득의양양'에 관한 이야기를 하면서 사람의 키와 어수용
에 관해서도 거론해 보았다. 그러나 이 '득의양양'의 진정
한 뜻은 자만심에 사로잡히지 말고 매사에 겸손하라는 데
있다. 올 한 해도 이렇게 매사에 신중을 기하고 겸손한 마음
으로 사람들을 대하며 보내고 싶다.

맛있는 귤이 회수를 건너면
탱자가 되느니

─귤화위지

橘化爲枳

남방의 귤나무가 회수 이북으로 옮겨 심으면 탱자가 되듯이 사람도 주위 환경에 따라 달라진다는 것을 비유한 고사.

橘 : 귤　귤
化 : 화활　화
爲 : 될　위
枳 : 탱자　지

'귤화위지'는 '회수淮水 이남의 맛있는 귤나무도 회수 이북으로 옮겨 심으면 탱자가 된다'는 뜻이다. 즉 사람도 주위 환경에 따라 달라진다는 것을 비유한 고사다. '남귤북지南橘北枳'라고도 하는데, 남쪽의 귤, 북쪽의 탱자라는 뜻으로 같은 의미다.

이것은 춘추시대 제나라의 재상인 안영晏嬰이 한 말로 유명하다. 안영은 중국 역사에서 드물게 보이는 명재상이다. 세 명의 왕 밑에서 재상을 지냈지만 언제나 품행을 조심했고 절검의 생활이 몸에 배어 있었다. 그는 재상이 된 뒤에도 밥상에 고기 반찬을 올리지 않고, 아내에게는 비단옷을 입히지 않았으며, 조정에 들어가면 임금께서 묻는 말에 대답하되 묻지 않으면 대답하지 않았다. 안영은 키가 6척밖에 안 되었지만 유창한 달변과 임기응변으로도 유명했고, 이런 재주를 발판으로 삼아 특히 외교관으로서 능력을 십분 발휘하였다.

귤화위지

안영이 초나라에 사신으로 가게 되었다. 초왕은 이 소식을 듣고 주위의 신하들에게 물었다.

"안영은 말을 잘하기로 유명한 자요. 지금 그자가 온다니 내가 한번 그를 놀려 먹어야 되겠소. 어떤 방법이 좋겠소?"

신하가 대답하였다.

"안영이 왔을 때 우리가 한 사람을 묶어 대왕 앞을 지나가게 해 주십시오"

"그자가 무슨 짓을 했기에?"

"그자는 제나라 사람인데 도둑질을 하였습니다."

얼마 후 안영이 초나라에 왔다. 초왕은 안영을 청하여 함께 술을 마셨다. 술이 거나하게 취하고 흥이 올랐을 때 포졸 두 명이 사람 하나를 포박하고는 초왕 앞을 지나갔다. 초왕이 물었다.

"그자가 무슨 잘못을 저질렀느냐?"

포졸이 말했다.

"이자는 제나라 사람인데 도둑질을 하였습니다."

초왕이 안영을 바라보면서 말하였다.

"제나라 사람은 본래 도둑질을 잘합니까?"

안영이 자리에서 일어서면서 대답하였다.

"제가 이런 말을 들었습니다. 귤나무는 회하 이남에서 자라면 귤이 되지만 회하 이북에서 자라면 탱자가 된다고 합니다. 단지 잎만이 비슷할 뿐이고 과일의 맛은 전혀 다릅니다. 왜 이렇게 되겠습니까? 물과 토질의 조건이 다르기 때문입니다. 지금 제나라에서 자란 사람들은 물건을 훔치지 않는데 초나라에 와서는 물건을 훔칩니다. 초나라의 물과 토질이 이자가 도둑질을 하도록 한 것 아니겠습니까?"

초왕이 쓴웃음을 지으며 말했다

"성인에게는 농담을 하는 것이 아니라 했는데, 내 꾀에 내가 넘어가고 말았구려."

앞에서도 언급했듯이 이 일은 본래 제나라에서 말 잘하는 안영이 사신으로 온다는 말을 듣고는 미리 짜 놓은 것이었다. 그러나 제나라 출신의 죄수를 안영에게 보여 줌으로써 안영의 명성을 눌러 보려 했던 초왕의 계획은 결국 실패로 끝나고 말았다.

이 기록을 보면 안영의 기지가 얼마나 뛰어나고, 또 그가 얼마나 말을 잘했는지 알 수 있다. 동시에 그가 얼마나 자신의 조국을 사랑하며 조국의 존엄과 품격을 높였는지도 알 수 있다. 또한 이런 이야기를 통하여 우리는 사람은 용모로 판단해서는 안 된다는 것을 알 수 있다. 바닷물을 말[斗]로 될 수 없는 것처럼 말이다.

이에는 이, 눈에는 눈

《안자춘추》에 다음과 같은 기록도 있다.

안자(안영)가 초나라에 가게 되었다. 초나라 사람들은 안자의 키가 작은 것을 놀리기 위하여 큰문 옆에 있는 쪽문으로 들어오게 하였다. 그러자 안자가 들어가지 않고 이렇게 말했다.

"개의 사신이라면 개구멍으로 들어가야 합니다. 하지만 저는 오늘 초나라의 사신으로 왔기 때문에 이 개구멍으로 들어갈 수 없습니다. 손님은 당연히 대문으로 들어가야 합니다."

그러자 관리들은 할 수 없이 대문으로 들어오게 하였다.

또 다음과 같은 기록도 있다.

어느 해에 안자가 또 초나라에 가게 되었다. 초나라 영왕은 인사말을 끝내기가 바쁘게 이렇게 입을 열었다.

"제나라에는 사람이 없나 보구려. 하필 경卿과 같은 사람을 사신으로 보내다니 말이오."

안영의 키가 작은 것을 비웃는 말이었다. 초나라 왕은 당시 제나라를 우습게 보았기 때문에 이런 심한 농담을 함부

로 해 댔다. 안영은 서슴지 않고 태연히
대답하였다.

임치는 제나라의 수도였다.

"제나라의 수도 임치는 3백 여閭(7천여
호에 해당함)나 되어 사람들이 소매를 펼
치면 태양을 가릴 수 있고, 땀을 흩뿌리
면 비를 내릴 정도이며, 사람들이 어깨
를 부딪치며 끊임없이 왕래하고 있습니
다. 그런데 어찌 사람이 없을 수 있겠습니까?"

그러자 초왕이 다시 물었다.

"그렇다면 어째서 경이 사신으로 왔단 말이오?"

안자가 대답했다.

"제나라에서 사신을 보낼 때에는 상대방 나라에 맞게 사
람을 골라 보내는 관례가 있습니다. 즉 현명한 사람은 현명
한 군주가 있는 나라에 사신으로 가고, 못난 사람은 못난 군
주가 있는 나라에 사신으로 갑니다. 저는 가장 못난 사람이
기 때문에 초나라의 사신으로 오게 되었습니다."

이에 초왕은 할 말을 찾지 못하였다.

외교에는 작은 일이 있을 수 없다. 특히 나라의 품격과 관
계된 것이라면 더더욱 가만있을 수 없다. 안자는 '이에는
이, 눈에는 눈'의 방식으로 조국의 품격을 높이고 개인의
존엄을 지킬 수 있었다. 우리나라는 강국들에 둘러싸인 작

은 나라다. 특히 외교관의 품격과 언행이 중요하다. 외교관의 말 한마디로 나라의 품격과 안위를 지킬 수 있기 때문이다. 현재 여러 국제 관계를 따져 보고 우리나라의 처지를 생각해 볼 때 이런 안영과 같은 멋진 외교관이 아쉽기만 하다.

달변의 대가 촉지무

안영이 이처럼 달변이고 임기응변에 능했듯이 외교관으로서 말을 잘하기로 유명했던 인물로 촉지무라는 사람이 있었다. 《좌전》에 다음과 같은 기록이 있다.

노나라 희공 때 진 문공晉文公과 진 목공秦穆公이 함께 정鄭나라를 포위하고 공격하였다. 그 이유는 첫째로 정나라가 진晉나라에 대해 예의가 없다는 것이었는데, 실은 진 문공이 공자의 신분으로 오랫동안 망명 생활을 하던 중 정나라에 들렀을 때 정 문공鄭文公이 제대로 대접을 하지 않아 그의 자존심을 상하게 한 일이 있었다. 진 문공은 이를 마음속에 담아 두었다가 왕위에 오르자 진 목공과 연합해 공격에 나섰던 것이다. 두 번째 이유는 정나라가 변심하여 초나라와 결맹하려 한다는 것이었는데, 정나라는 정 장공鄭庄公 이후 국세가 날로 쇠약해는 바람에 진晉과 진秦, 초나라의 3대국 사이에서 누구든지 세력이 강한 자에게 붙어 눈치를 보는 신세가 되었다. 그러나 공개적으로 어느 한쪽에 붙어 있다

해도 뒤쪽으로는 늘 또 다른 나라와도 관계를 맺고 있었다. 이런 상황을 진 문공이 눈치 채고 목공과 협공하여 진晉나라의 군대는 현재의 하남성 신정현新鄭縣 북쪽에 주둔하고, 진秦나라의 군대는 현재의 하남성 중모현中牟縣 남쪽 강변에 주둔하고는 정나라를 압박하였다.

상황이 이리 되자 정나라의 일지호佚之狐가 군주에게 간하였다.

"국가가 위험에 빠져 있습니다. 촉지무를 파견하여 진秦왕을 설득하면 틀림없이 적군이 철수할 것입니다."

정나라 국왕이 그의 말을 따랐다. 그러자 촉지무가 이를 사양하였다. 촉지무는 언변이 뛰어나고 재주가 많은 사람이었지만, 조정에서 그를 기용하지 않았기 때문에 불만을 품고 있었다. 그래서 국왕에게 말했다.

"제가 젊었을 때도 다른 사람만 못하였는데 지금 이렇게 늙은 마당에 무슨 능력이 있어서 이런 큰일을 하겠습니까?"

정나라 국왕이 말하였다.

"내가 일찍이 선생을 중용하지 않다가 이렇게 다급한 시기에 비로소 부탁을 하니 나의 잘못이오. 그러나 정나라가 멸망한다면 선생에게도 이로울 것은 없소."

이에 촉지무가 응낙을 하고는 한밤중에 목에 밧줄을 걸고 성을 몰래 빠져나가 진나라 진영으로 갔다.

촉지무는 진왕을 배알하고는 이렇게 말하였다.

"지금 두 진나라가 정나라를 공격하고 있습니다. 정나라는 망할 것을 알고 있습니다. 만일 정나라가 망해 국왕께 이로움이 있다면 국왕의 부하들을 힘들게 하는 것도 가치가 있습니다. 하지만 애석하게도 정나라는 진秦나라와 영토가 붙어 있지 않습니다.

진秦나라는 서쪽에, 정나라는 동쪽에 있으며, 그 가운데에서 진晉나라가 가로막고 있습니다. 그래서 정나라가 망한다면 영토가 진晉나라로 병합될 것입니다. 이렇게 되면 진晉나라의 국력이 점차 강대해질 것이고, 진秦나라는 상대적으로 약해질 것입니다. 전하께서는 어째서 남의 세력은 키워주면서 자신의 힘은 줄이는 이런 어리석은 짓을 하십니까? 만약 저희 정나라를 그대로 두시고 동쪽 길의 주인〔東道主〕으로 삼아 사신들이 왕래할 때 부족한 물자를 공급하게 하신다면, 진나라 입장에서도 손해될 것이 없을 것입니다."

진나라 목공은 일리가 있다고 생각하여 즉각 군대를 철수시키는 한편, 기자杞子 · 봉손逢孫 · 양손揚孫 등을 남겨 두어 정나라 도읍의 방위를 돕게 하였다.

진晉나라 진영에서는 이렇게 갑자기 태도를 바꾼 진 목공을 치자고 진 문공에게 건의하는 자가 있었으나, 진 문공이 이렇게 말하였다.

"안 된다. 그 사람의 지지가 없었다면 오늘날의 나는 없었을 것이다. 이제 와서 그를 치는 것은 인의에 어긋나는 일이다. 동맹국을 없애 버리는 것은 현명하지 못한 짓이다. ……그냥 우리도 돌아가자."

이리하여 얼마 후 진晉나라 군대도 할 수 없이 그곳을 떠났고, 정나라는 평화를 되찾게 되었다.

위에서 언급한 동도주는 동쪽 방향으로 가는 길을 안내하는 사람이라는 뜻으로, 길을 안내하는 이를 비유하거나 길손을 자기 집에 묵게 하며 대접하는 주인을 말한다. 지금도 중국어에서 자주 사용되는데 '손님을 초대한 주인' 또는 주최자, 개최자의 뜻으로 쓰이며, 손님을 청할 때 "오늘 내가 한턱내지" 하는 뜻으로 "今天我做東 (Jintian wo zuo dong)"이라고 말한다. 이처럼 끈질긴 생명력을 자랑하며 역사와 함께 숨쉬고 오고 있는 것을 보면 참으로 말이 위대하다는 것을 새삼 느끼게 된다. 몇천 년 전에 쓰던 말을 지금도 사용하고 있으니 이 얼마나 소름이 돋는 신비한 경험인가?

요즘은 '침묵은 금이요 웅변은 은이다' 라는 명언이 퇴색되어 버린 듯하다. 도처에 넘쳐나는 말, 말, 말……. 모두들 자기 자랑하기에 바쁘고, 말이 홍수가 되어 넘쳐난다. 그러나 이 흘러넘치는 말의 홍수 속에서 마음속에 간직하고 새겨 두어야 할 말은 얼마나 될까?

맹상군 이야기(1)

—포의지교

布衣之交

구차하고 보잘것없는 선비였을 때의 사귐, 또는 그렇게 사귄 벗을 이르는 말.

布 : 베　**포**
衣 : 옷　**의**
之 : 갈　**지**
交 : 사귈　**교**

포의布衣는 무명으로 만든 옷이다. 그러므로 포의지교는 무명옷을 입고 다닐 때의 사귐이라는 뜻으로 벼슬을 하기 전 선비 시절의 사귐, 또는 그렇게 사귄 벗을 이르는 말이다. 또는 가난한 서민들이 입는 옷이므로 서민들의 교제, 평민들의 사귐, 혹은 신분이나 지위를 초월하고 이해관계를 떠난 교제를 가리키기도 한다. 《사기·인상여전藺相如傳》에 "포의지교도 서로 속이지 않는데, 하물며 대국에 있어서랴〔布衣之交, 尙不相欺, 況大國乎〕"라는 구절이 있다. 인상여의 포의지교는 많이 알려져 있기 때문에 여기에서는 맹상군의 포의지교에 관한 이야기를 소개하고자 한다.

《전국책·제책삼齊策三》 중에 "위군衛君께서는 저와(맹상군) 포의지교를 맺으셨습니다. 제가 마차와 재물을 준비하여

'그'의 편에 보내 드리니, 청컨대 군왕을 위하여 일할 수 있도록 해 주시기 바랍니다"라는 대목이 있다. 여기서 말하는 '그'는 맹상군 문객 중의 한 사람으로, 이 글은 맹상군의 추천서라고 할 수 있다.

맹상군은 문객들을 우대하여 그의 문객이 3천 명이 넘었다고 한다. 그중에 맹상군의 부인을 사랑하는 문객이 하나 있었다. 그리고 또 이 일을 맹상군에게 고자질하는 자가 있었다.

"먹여 주고 입혀 주는 것도 고마운데, 어떻게 당신의 부인을 사랑할 수 있단 말입니까? 이는 예의가 아닙니다. 반드시 그를 죽여야만 합니다."

그러자 맹상군이 "사람의 용모를 보고 진심으로 좋아하는 것은 인지상정이다. 다시는 이 일에 대해 거론하지 말거라" 하고 말하며 그 일을 덮어 버렸다. 그러면서 전과 변함없이 그 문객을 대했다. 사람들은 맹상군의 이런 태도를 보면서 감탄을 금치 못하였다.

한참 시간이 흐른 후에 맹상군이 그 문객을 불렀다.

"자네가 나와 함께 있은 지 오랜 세월이 흘렀는데, 자네에게 고위직 한자리 마련해 주지 못하였네. 내가 이전에 부귀를 누리기 전에 위나라의 군왕과 포의지교를 맺었네. 그래서 마차와 재물을 준비하여 그에게 자네를 추천하려고 하네."

그 문객은 위나라로 가서 과연 위 군왕의 중용을 받게 되었다.

그런데 후에 제나라와 위나라 간의 관계가 나빠지자, 위나라가 다른 제후국들과 연계하여 제나라를 공격하고자 하였다. 이때 그 문객이 맹상군의 은혜를 갚으려고 위 군왕을 만나 설득하였다.

"맹상군은 저의 재주 없음을 탓하지 않고 저를 추천하여 대왕을 모시도록 하였습니다. 저는 제나라와 위나라의 조상님들이 일찍이 말과 양을 죽이고 그 피를 마시면서 두 나라는 영원히 서로 공격하지 않기로 맹약을 맺었다고 들었습니다. 만일 지금 제나라를 공격하신다면 조상님들의 맹세를 깨뜨리는 것일 뿐더러 맹상군의 우의도 저버리는 것입니다. 대왕께서 제나라를 적국으로 만들지 마시길 바랄 뿐입니다. 만일 제 말씀을 안 들으신다면 불초 소신은 이 자리에서 자결할 것이고, 그때 저의 피가 대왕마마의 옷에 튀더라도 용서하십시오."

이리하여 위 군왕은 생각을 바꾸었고, 제나라는 전쟁을 피할 수 있었다.

제나라 사람들은 이 이야기를 들은 후 모두들 "맹상군이 정말 일 처리를 잘했어. 그야말로 화를 복으로 만들었어" 하고 칭찬하였다.

제국역사박물관

설 땅의 후계자

맹상군은 전국시대 사공자四公子 중
한 사람이다. 전국시대 말기에 진秦나
라의 세력이 점점 강해져 가자, 각 제
후국의 귀족들이 진나라의 침입에 대

산둥성 지도
조장棗庄은 옛날의 설 땅이
었다.

항하며 자신의 나라를 구하기 위하여 힘껏 인재들을 구하
였다. 현명한 사람들과 빈객들을 불러들여 자신의 세력을
확장해 나갔다. 이 사람들은 학사, 책사, 방사나 술사 등이
포함된 '사士'들을 배양하였다. 우리는 '사士'라는 글자를
선비라고 해석하지만, 맹상군의 문객 중에는 도적들도 있
었으므로 우리 식으로 선비라고 하기에는 부적절하다. 아

맹상군 능원

맹상군의 묘

맹상군 아버지 전영의 묘

무튼 전국시대에 이런 문객들을 가장 많이 확보한 사람은 제나라의 맹상군, 조나라의 평원군平原君, 위나라의 신릉군信陵君, 초나라의 춘신군春申君이었다. 후세 사람들은 이들을 '전국 사공자戰國四公子'라고 불렀다.

맹상군의 성은 전田씨이고 이름은 문文이다. 정곽군靖郭君 전영田嬰의 아들이다. 전영은 제나라 위왕威王의 아들이었다. 전영에게는 40여 명의 아들이 있었는데, 어린 첩이 낳은 아들이 바로 전문이었다. 전문이 5월 5일에 태어났는데, 전영은 어린 첩에게 이 아들을 기르지 말라고 하였다. 그러나 어머니는 그럴 수 없어서 몰래 자식을 키웠다. 장성한 후에 어머니가 전문의 다른 형제들에게 부탁해 아버지에게 보이게 했다. 전영은 이 아들을 보고 대로하며 첩에게 말했다.

"아니, 내가 이 아이를 버리라 했거늘, 어쩌자고 여지껏 길렀단 말이냐!"

첩이 미처 대답하기도 전에, 전문이 앞으로 나서서 큰절을 올리고는 전영에게 반문하였다.

"저를 못 기르게 하신 것은 5월에 태어났기 때문이라고 하던데, 무슨 연유이신지요?"

전영이 말했다.

"5월에 태어난 아이는 키가 그 집의 문만큼 자라면 부모를 해친다는 말이 있느니라."

"사람의 운명은 하늘에서 주는 것입니까, 아니면 문짝이 주는 것입니까?"

아버지 전영이 뭐라고 대답을 못 하고 잠자코 있자, 전문이 계속 말했다.

"만일 하늘이 주는 것이라면 아버님께서는 무엇을 걱정하십니까? 혹시 만일 문짝이 주는 것이라면 문을 높이 달면 되지 않습니까? 키가 문 꼭대기에 닿을 수 없도록 말입니다."

전영은 할 말이 없자 역정을 내면서 더는 아무 말도 못 하게 막았다.

얼마간 시간이 흐르자 전문이 또 아버지에게 말했다.

"아들의 아들은 뭐라고 합니까?"

"손자 아니냐?"

"손자의 손자는 뭐라고 합니까?"

"현손 아니냐?"

"현손의 손자는 뭐라고 합니까?"

"난 모르겠다."

그러자 전문이 말했다.

"아버님께서는 제나라의 재상으로 대권을 장악하고 이미 3대째 국왕 전하를 받들고 계십니다. 그러나 제나라의 영토는 조금도 늘지 않았습니다. 아버님의 개인 재산은 만금에 이르지만 문하에는 현명한 자가 한 사람도 없습니다. 장군 집에서 장군이 나오고, 재상 집에서 재상이 나온다고 저는 들었습니다. 지금 아버님의 첩들은 비단으로 몸을 감고 있지만 선비들은 거친 옷을 입고 있으며, 아버님의 남녀 노복들은 음식이 넘쳐나도록 먹고 마시지만 선비들은 술지게미조차 배불리 먹지 못하고 있습니다. 지금 아버님께서 그렇게 많은 재물을 저축하시는 것은 뭐라고 부르는지도 모르는 그 후손을 위해서입니까? 저는 참으로 이해를 할 수가 없습니다."

이 일이 있은 후 전영은 전문에 대한 태도를 바꾸고 그를 다시 보기 시작하였다. 그리고는 이 아들에게 집안일과 빈객을 접대하는 일을 맡겼다. 전문이 빈객들을 우대하자 사람들의 내왕이 끊이지 않고 날로 많아졌으며, 전문의 명성도 다른 제후 국가들로 퍼져 나가기 시작하였다. 각 제후국들은 사람을 파견하여 전영에게 전문을 후계자로 세우도록 청하였다. 이에 전영도 허락하였다. 전영이 죽은 후 받은 시호가 정곽군靖郭君이다. 그리고 전문은 설薛 땅에서 아버지의 작위를 이어받았다. 이 사람이 바로 맹상군이며, 이전의 설 지역은 지금의 산동성 조장시棗庄市에 있었다.

현재 산동성 조장시의 등주시(滕州市 : 현급 시)에 맹상군 능원이 있다. 원래는 작은 산 모양의 언덕이었는데, 역사적 기록을 토대로 하여 1991년에 등주시의 관교진官橋鎭 정부에서 맹상군과 그의 아버지 전영의 묘로 다시 단장했다고 한다.

铜盘、铜匜 盟洗器 春秋时期 齐国故城出土
Bronze Bowl. Bronze Yi Pot. Toilet Apparatus. the Spring and Autumn Period. Unearthed in the Old Capital of the State of Qi
동반동이 씻닥기 봄가을시기 제국옛성터출토
銅盆、銅匜 盟洗器 春秋時代 齐国故城出土

제국역사박물관 안의
유물 설명문

또 임치臨淄에 있는 '제국 역사박물관' 안에서는 제나라의 역사를 소개하면서 강태공을 시조로 하는 강씨의 제나라(기원전 1046~379)와 전田씨의 제나라(기원전 378~221)의 역사적 유물을 전시하고 있었다. 그중에서도 특히 맹상군을 비롯한 전씨의 역사를 인형으로 만들어 전시하고 있었다. 박물관은 수준급으로 돈을 많이 들인 흔적이 역력했다. 또한 박물관에 전시된 유물에는 친절하게도 한국어 소개문도 곁들여져 있었다. 그만큼 한국 사람이 많이 오고 있다는 증거일 것이다. 그런데 그 한국어가 포복절도할 만큼 우스운 것도 있고, 도저히 알 수 없는 내용도 있었다. 거의 모든 설명이 수정되어야 할 정도였다. 세숫대야를 '씻닥기'로, 춘추시대를 '봄가을 시기'로 표현한 것을 보고는 거의 쓰러질 지경이었다. 그러자 마음 한편으로 한국 박물관의 외국어 소개는 완벽할까 슬며시 걱정이 되었다.

맹상군 이야기(2)
—교토삼굴

狡兎三窟

꾀 많은 토끼가 굴을 세 개나 가지고 있었기 때문에 죽음을 면할 수 있었다는 뜻으로 교묘한 지혜로 위기를 피하거나 재난이 발생하기 전에 미리 준비를 해야 한다는 말.

狡 : 교활할 교
兎 : 토끼 토
三 : 석 삼
窟 : 구멍 굴

'총명한 토끼는 도망갈 구멍을 세 개 파 놓는다'는 뜻의 '교토삼굴'은 《전국책·제책齊策》에 나오는 말이다. 오늘날 이 말은 '사람도 앞으로 전진만 하지 말고 갑작스런 난관에 대처해 뒤를 준비하는 것이 현명하다'는 의미로 쓰인다. 교토삼굴의 주인공인 풍훤(馮諼 : 馮驩이라고 쓴 자료도 있음)은 《사기·맹상군열전》에도 등장한다.

제나라에 풍훤이라는 사람이 있었다. 너무 가난하여 먹고살기도 힘들어지자, 어떤 사람이 맹상군에게 식객으로 두어 줄 것을 부탁하였다. 맹상군이 물었다.

"그자는 무엇을 좋아하나요?"

"좋아하는 것이 없소."

맹상군이 다시 물었다. "그럼 무슨 재주가 있지요?"

"아무 재주도 없소."

맹상군은 웃으면서 그냥 식객으로 들어오라고 하였다.

맹상군의 수하는 맹상군이 풍훤을 그리 중히 여기지 않는다고 나름대로 생각하며 그에게 거친 음식을 주었다. 얼마 지나지 않아 풍훤이 기둥에 기대선 채 자신의 검을 쓰다듬으며 "나의 검아, 돌아가자. 여기서는 고기를 먹을 수가 없구나" 하고 탄식하였다. 수하 하나가 이 모습을 본 후 맹상군에게 보고하자, 맹상군이 "그자에게 우리 집 손님 대접을 해 주거라" 하고 명령하였다. 얼마 지나자 풍훤이 또 기둥에 기대선 채 검을 어루만지며 "나의 검아, 돌아가자꾸나. 여기에는 마차가 없구나" 하고 노래하였다. 그러자 주위의 사람들이 그를 비웃으며 맹상군에게 이 일을 말하자, 맹상군이 또 "그자에게 마차를 준비해 주거라. 출입할 때 마차를 타고 다니는 문객의 대우를 해 주거라" 하고 명하였다.

그러자 풍훤이 마차를 타고 보검을 차고서 그의 친구들을 방문하며 "맹상군이 나를 문객으로 예우해 준다"고 말하였다. 후에 또 시간이 흐르자 풍훤이 그의 검을 쓰다듬으며 "나의 검아, 역시 돌아가는 것이 낫겠다. 여기서는 가족을 부양할 수가 없구나" 하고 한탄하자, 맹상군의 수하가 이자의 욕심이 끝이 없다고 미워하며 맹상군에게 이 일을 알렸다. 맹상군은 풍훤의 식솔에 대해 묻고 노모가 한 분 있다는 것을 알고는 노모에게 음식과 돈을 보내어 불편함이 없도록 해 주었다. 그러자 풍훤이 다시는 노래를 부르지 않았다.

후에 맹상군이 문서 하나를 꺼내 들고 문객들에게 물었다.

"누가 회계를 잘합니까? 설薛 땅에 가서 차용금을 좀 받아 와야겠는데요."

설 땅은 맹상군의 아버지 전영田嬰의 봉지였다. 그러자 풍훤이 자신이 가겠다고 신청을 하였다. 맹상군이 괴이하게 여기고 주위 사람들에게 그가 누구인지 물어보았다. 수하가 "바로 그 '나의 검아, 돌아가자' 라고 노래한 자입니다" 하고 대답했다.

맹상군이 웃으며 "이분이 이렇게 능력이 있는데, 내가 아직 못 만나 보았네" 하고는 사람을 보내 풍훤을 불렀다.

"내가 일이 너무 많고 마음이 복잡합니다. 게다가 무능하여 하루 종일 국가 대사에 빠져 있느라고 선생을 알아보지 못해 미안하오. 그런데 나를 위해서 설 땅에 가서 빚을 받아 오겠다고 하셨다구요?"

풍훤이 대답했다. "그렇습니다."

풍훤은 마차를 준비하고 행장 채비를 한 뒤 떠나기 전에 이렇게 말했다.

"빚은 모두 받아 오겠습니다. 받은 돈으로 무슨 물건을 사 가지고 오면 좋겠습니까?"

맹상군이 말했다. "우리 집에 부족한 것을 사 오시오."

풍훤은 서둘러 설 땅으로 가서 관리를 파견해 백성들을 소집하고는 빚이 있는 사람들로부터 부채 증서를 모두 거둔 뒤 그들이 보는 앞에서 불태워 버리고, 맹상군이 빚을 모두 탕감해 준다고 선언했다. 설 땅의 백성들은 맹상군 만세를 외치며 매우 기뻐했다. 풍훤은 지체 없이 제나라의 수도 임치臨淄로 돌아왔다. 맹상군은 풍훤이 이렇게 빨리 돌아온 것이 이상하다고 생각하면서 의복을 정제하고는 그를 만났다. 풍훤의 보고를 들은 맹상군은 어이가 없었다.

풍훤은 "제 생각에 이 댁에는 금은보화가 가득 쌓여 넘쳐 나고 있습니다. 이 댁에서 지금 부족한 것은 은의恩義입니다. 그래서 제가 차용 증서를 불살라 버리고 사기 힘든 은의를 사 가지고 왔습니다" 하고 말했다. 그러자 맹상군은 하

는 수 없이 "알았소. 선생이 잘했다고 칩시다"라고 말하는
수밖에 없었다.

꾀 많은 토끼는 세 개의 굴을 파 놓는 법이니

그로부터 1년 뒤 제나라의 민왕湣王이 맹상군에게 "나는
감히 선왕의 신하를 나의 신하로 둘 수 없소" 하고 말하자,
맹상군은 하는 수 없이 자신의 봉지인 설 땅으로 낙향하게
되었다. 설 땅 사람들은 백 리 밖까지 마중 나와 그를 영접하
였다. 맹상군이 풍훤을 뒤돌아보며 "선생이 제 대신 은의를
사 온 것이 지금에서야 빛을 보는군요"라고 말하였다. 이것
이 풍훤이 맹상군을 위해 마련한 첫 번째 보금자리였다.

"교활한 토끼는 세 개의 굴을 마련해 놓습니다. 그래야
죽음을 면할 수 있으니까요. 지금 겨우 굴 하나만 있을 뿐입
니다. 베개를 높이 베고 주무시기에는 아직 이릅니다. 제가
굴 두 개를 더 준비할 수 있도록 해 주십시오" 하고 풍훤이
간청했다.

맹상군이 이를 허락하고는 풍훤에게 50량의 마차와 5백
근의 황금을 주었다.

그 후 풍훤은 위나라 혜왕惠王을 찾아가 "제나라가 맹상
군을 파직시켰습니다. 어느 제후든지 맹상군을 맞아들이게
된다면 국력과 군사력이 강해지고 번영할 것입니다"라고

말했다. 위 혜왕이 맹상군을
맞이하기 위해 황금 천 냥과
수레를 세 번이나 보내어 설
득했으나 풍훤의 책략대로 모
두 사양하고 제의를 받아들이
지 않았다.

이 소식을 들은 제나라 민
왕과 군신들이 몹시 두려워하
며 맹상군에게 황금 천 냥 및
네 마리의 말이 끄는 아름다
운 마차 두 대와 함께 편지를
보냈다.

"내가 복이 없어 선조께서

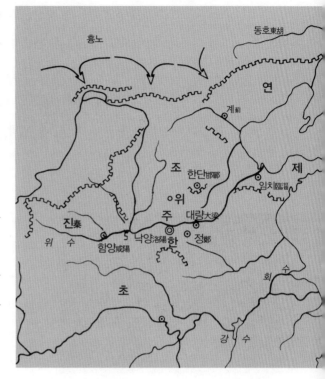

전국시기 형세도

내려 주신 복을 물리쳤소. 아첨만 하는 신하들을 믿고 맹상
군에게 죄를 지었소. 나는 그대가 보좌할 그릇이 못 되나 제
나라 선대 왕들의 종묘를 생각해서라도 제나라로 돌아와 나
라의 백성을 돌보아 주시오" 하고 간청하며 자신의 잘못을
사과하고 재상으로 다시 임명하였다. 이것이 풍훤이 맹상군
을 위해 마련해 준 두 번째 보금자리였다.

그다음 풍훤은 설 땅으로 제나라 선대 왕들의 종묘를 옮
겨 지을 것을 민왕에게 건의토록 하여 이를 관철시켰다. 선

대 왕들의 종묘가 맹상군의 영지인 설 땅에 있는 한 아무리 왕이라도 맹상군을 함부로 대하지 못할 것이므로 세 번째 보금자리가 마련된 것이다. 이리하여 맹상군은 수십 년 동안 재상으로 재임하면서 별다른 화를 입지 아니했는데, 이것은 풍훤이 맹상군을 위해 세 가지 보금자리를 마련해 준 덕택이었다.

서비홍의 〈전횡오백사〉

〈전횡오백사〉의 비장미

제국역사박물관에는 제나라의 전씨田氏 가계도가 있고, 또 말 그림으로 유명한 화가 서비홍徐悲鴻이 그린 〈전횡오백사田橫五百士〉가 걸려 있었다. 이 그림은 길이 349센티미터, 너비 197센티미터의 유화 작품이다(1928~1930년 작). 보기만 해도 가슴에 벅찬 느낌이 드는 작품이기에 소개하려 한다.

이 〈전횡오백사〉는 《사기》에서 그 소재를 취하였다. 전횡은 제나라의 마지막 후손이다. 진나라 말기에 진승陳勝 · 오광吳廣의 농민 봉기가 일어나자, 사방의 호걸들이 분분히 일어나 그에 호응하였다. 전횡 집안도 진나라에 대항하였다. 이런 혼란한 와중에서 여러 군웅들을 제압한 뒤 한 고조가 천하를 통일하였고, 전횡의 제나라가 풍전등화의 처지에 놓이게 되었다. 전횡은 제나라가 멸망하는 것을 볼 수 없어 수하 5백 명과 함께 지금의 산동성 전횡 도田橫島로 들어갔다. 한 고조는 전횡이 인망이 높은 사람이라는 말을 듣고는 후환이 될까 두려워 다음과 같이 전하게 했다. 즉 만일 전횡이 투항한다면 왕이나 제후에 봉할 것이지만, 그렇게 하지 않으면 모두 섬멸하겠다는 것이었다. 전횡은 섬에 있는 5백 명의 장사를 구하기 위하여 부하 둘만 데리고 섬을 떠나 한 고조가 있는 서울로 떠났다.

19세 때의 서비홍

그러나 서울에서 30리 떨어진 곳에서 자진하면서, 동행한 부하 두 명에게 자신의 머리를 한 고조에게 가지고 가서 섬에 있는 5백 명의 목숨을 보호해 달라고 간청하게 했다. 한 고조는 왕의 예로 전횡을 장사 지내고 두 부하에게 도위都尉 관직을 내려 주었다. 그러나 두 부하는 전횡을 매장한 후에 전횡의 묘혈에서 자살하였다. 한 고조가 섬에 사람을 파견해 투항하도록 설득하였지만, 5백 장사는 전횡이 자살하였다는 소식을 듣고는 모두 물에 몸을 던져 죽었다. 사마천은 이를 몹시 높이 평가하며 "전횡의 높은 절개가 빈객, 막료들이 의로써 죽게 했다. 이 어찌 어질다고 하지 않을 수 있겠는가?" 하고 감탄하였다.

유명한 화가 장도번張道藩의 아내 장벽미蔣碧微는 "1928년

서비홍 기념관

서비홍(1895~1953)은 인민
예술가의 칭호를 받은 유
명 화가. 중국 현대미술의
기초를 다졌다. 특히 말 그
림이 유명하다

부터 서비홍은 중학교에서 수
업할 때를 제외하고는 《사기》에
나오는 전횡의 이야기를 소재
로 하여 전심전력으로 〈전횡오
백사〉를 그렸다"고 회상했다.

서비홍의 아내 요정문廖靜文
도 "남편이 이 그림을 그린 것
은 일본이 침입하였을 때였다.
장개석이 무저항 자세를 취하
며 타협하고, 많은 사람이 비굴

하게 살 때였다. 남편은 전횡의 이야기를 통하여 불굴의 정
신을 드높이고, 중국 사람들이 존중해 온 '부귀하되 음탕하
지 않고, 위엄이 있되 굴하지 않는' 는 정신을 드높여 국
민들에게 일제에 항거하는 정신을 불어넣고 싶어했다" 하
고 말했다.

서비홍은 전횡이 높은 절개를 가지고 5백 장사들과 석별
하는 연극적인 장면을 표현하고 있다. 거대한 화폭에 비장
한 기개가 스며들어 기백이 느껴진다. 그림 속의 붉은색 옷
을 입은 전횡은 두 손으로 읍을 하며 이별을 말하는데, 가슴
을 앞으로 내밀고 표정은 엄숙하며 눈은 푸른 하늘을 멀리
바라보고 있다. 마치 망망대해로 나가는 모습이다. 화폭의

3분의 2는 인물들로 채워져 있는데, 빽빽하게 들어찬 모습이 군중들의 협력을 나타내고 있다.

남녀노소가 하나같이 전횡을 우러러보고 있는데, 애절하고 처량한 느낌이 든다. 빨강·노랑·남색의 3원색이 서비홍의 그림 속에서 주도적인 역할을 하며 전횡과 젊은 장사들의 대화를 나타내고 있다. 그림 속의 인물들의 팔, 발끝, 앞으로 뻗은 다리, 들고 서 있는 나무 몽둥이, 음산한 분위기의 검의 날 등이 화면에 리듬감을 더해 주고 정중동의 느낌을 주며 영웅주의의 기개를 표현해 내고 있다. 당시 중국에서 유행하던 현대주의 예술풍이다. 서비홍은 역사를 빌려 사회에 대한 정의를 환기시키며 암흑 속에서 빛나는 여명의 서광을 표출해 내고 있다.

이 그림을 보고 있노라면 가슴이 벅차오르며 여러 가지 착잡한 생각이 든다. 시작이 있으면 끝이 있는 법, 맹상군과 그의 선조들이 이룩한 제나라가 전횡에 이르러 이런 비극으로 마감되고 말다니……. 아아, 영욕의 덧없음이여!

▲서비홍 기념비
▼서비홍 탄생 90주년
기념우표

중국의 역대 미남자들을 그리며
―문전성시

門前成市

문 앞에 마치 시장이 선 것 같다는 뜻으로 세력이 있어 찾아오는 사람이 매우 많음을 나타내는 말.

門 : 문　**문**
前 : 앞　**전**
成 : 이룰　**성**
市 : 저자　**시**

미남자 추기

'사람들의 왕래가 많아서 문 앞에 마치 시장이 선 것 같다'는 뜻을 지닌 문전성시門前成市는 문전약시門前若市, 문정여시門廷如市와 같은 말로, 고위 관직자가 사람을 끌어들여 뇌물을 받거나 패거리를 만드는 행위를 경계하는 말로 쓰이게 되었다.

이 말은 중국의 미남자 추기鄒忌와 관련이 있다. 전국시대 제나라 위왕威王은 좌우 신하들의 아첨 듣기를 좋아하여 그에게 직언을 하는 신하가 없었다. 이에 정승 추기가 자신이 친히 경험했던 것을 왕에게 말하여 그를 계도코자 하였다.

추기는 전국시대 제나라의 유명한 멋쟁이였다. 키가 8척이나 되었으며 '뛰어나게 아름다웠다〔昳麗〕'고 표현되고 있

214

다. 어느 날 그가 의관을 정제하고 거울을 보니 자신이 보기에도 너무나 잘생긴 모습이었다. 잘생긴 사람들은 거울을 보면서 자신의 미모에 스스로 반하는 모양이다. 그래서 끊임없이 거울을 보면서 세상에서 누가 제일 예쁜지 확인하고 또 확인하는가 보다. 그래서 백설공주의 계모도 끊임없이 거울에게 누가 제일 예쁘냐고 물어보지 않았던가? 추기도 자신의 멋진 모습을 확인하고 싶었나 보다. 그리고 거울을 보면서 아내에게 물었다. "나와 성북에 사는 서공徐公과 비교할 때 누가 더 잘생겼소?" 그러자 아내가 조금도 의심하지 않고 "그야 당신이 더 잘생겼죠. 서공이 감히 어떻게 당신과 비교가 되겠어요?" 하고 대답했다. 그가 첩에게 또 물었다. "나와 성북의 서공 중 누가 더 잘생겼소?" 그러자 첩은 조심스럽게 "서공이 어떻게 당신보다 잘생길 수 있겠어요?" 하고 대답했다.

한번은 친구가 추기를 찾아왔기에 다시 이런 질문을 하니, 친구가 웃으면서 "서공은 자네만 못하지" 하고 말했다. 그러던 차에 하루는 서공이 추기를 방문하였다. 그는 서공을 보는 순간 자신이 서공보다 확실히 못생긴 것을 깨달았다. 다시 거울을 살펴봐도 역시 서공보다 못하였다. 그래서 밤새도록 생각한 끝에 '아내가 내가 잘생겼다고 한 것은 나를 무조건 좋아하기 때문이고, 첩이 내가 잘생겼다고 한 것은 나를 두려워하기 때문이고, 친구가 내가 잘생겼다고 말한 것은 나에게 부탁하기 위해서였다' 라는 결론에 도달했다.

추기는 조정에 나가서 제 위왕을 보고 간하였다. "제가 확실히 서공보다 못합니다. 그런데도 아내는 저를 무조건 좋아하고 첩은 저를 두려워하기 때문에, 친구는 제게 부탁하기 위해 제가 잘생겼다고 합니다. 지금 제나라는 천 리의 영토, 120여 개의 성이 있는데, 궁중의 비빈들이나 시종들은 무조건 대왕을 사랑합니다. 조정의 대신들은 대왕을 모두 두려워하고, 전국의 백성들은 대왕께 뭔가를 바라지 않는 사람이 없습니다. 이렇게 되니 사람들이 대왕을 속이는 것입니다."

그는 이렇게 자신의 일과 비교해 가면서 제 위왕에게 여러 가지 비평을 듣기를 간청하였다. 그러자 제 위왕이 곧장 명령을 내렸다.

"대신, 관리, 백성 누구든 나의 잘못을 지적해 주기만 한다면 상등상을 내릴 것이고, 상소문을 올려 나를 간하는 자에게는 중등상을 내릴 것이며, 공공장소에서 나의 잘못을 비평하여 내 귀에 들어오게 하면 하등상을 내릴 것이다."

명령이 공포되자 제 위왕에게 직언하려고 오는 사람이 강물처럼 넘쳐나며 끊이질 않았다. 그래서 왕궁 '문 앞에 마치 시장이 선 것처럼(門前若市)' 언제나 사람들로 북적대었다. 몇 달이 지난 뒤에도 가끔 왕궁에 들어오는 자가 있었다. 그러나 1년이 지나자 간하려 해도 간할 거리가 없게 되었다. 연燕 · 조趙 · 한漢 · 위魏 나라에서도 이 소식을 듣고 많은 선비가 제나라에 와서 벼슬하기를 원하였다. 이것이 바로 조정에 앉아서 적국을 이겼다고 하는 것이다. 이상은 《전국책》에 실린 내용을 정리해 본 것이다.

추기는 스스로 자신이 다른 사람에 비해 못생겼다고 생각했지만, 기록에 의하면 그도 잘생긴 사람의 대명사였음이 확실하다. 이참에 중국의 역대 미남 몇 명을 살펴보려 한다.

《시경 · 정풍鄭風》에 "산에는 부소가 있고, 늪에는 연꽃이 있다네. 자도는 보지도 못하고, 미친 자식만 보았다네(山有扶蘇, 隰有荷華, 不見子都, 乃見狂且)"라는 구절이 있다. 이 시는 어떤 아가씨가 멋진 남자와 약속을 했지만 그 사람을 만나지도 못하고 엉뚱한 못생긴 남자만 보았다는 뜻이다. 시 속의 '광차狂且'라는 말에는 사실 더 적나라한 뜻이 있다. 《시경》에는 이 단어가 자주 나오는데, 우리 식으로 말하면 '× 같은 놈'이란 흉한 욕이다. 그것은 且 자의 갑골자가 본래 남성의 성기 모습을 본뜬 데 기인하는데, 《시경》에 실린 시들이 민간에서 나온 것이라는 점을 고려할 때 이런 해석이 충분히 가능하다. 더구나 정나라의 노래인 〈정풍〉은 음

갑골문의 글자 차且

금문金文의 글자 차且

란함의 대명사이다. 물론 여기서 약속한 남자는 진짜 자도가 아니고, 당시 여성들은 자도를 백마 탄 왕자의 상징으로 보았던 것 같다. 그러니 자도가 이 당시의 미남자였던 것이 확실하다. 그렇게 마음속에 그리던 사람은 못 만나고 엉뚱한 사람만 보고 왔으니, 이 소녀의 마음이 얼마나 슬프고 비참했을까?

또 《맹자》에서까지 "자도가 오니 천하가 그 아름다움을 모르지 않고, 자도의 아름다움을 모르는 자는 눈이 없는 자이다"라고 하였다. 인의만 강조할 줄 알았던 맹자조차 자도의 아름다움을 모르는 자는 눈이 멀었다고 할 정도이니, 자도가 얼마나 멋진 사내였을지 짐작이 간다. 그렇다면 이 천하를 움직인 자도는 대체 어떤 사람이었기에 천하의 여자들이 그렇게 열광하였을까?

자도는 춘추시대 정나라 사람으로 그의 이름은 공손알公孫閼이다. 자도는 그의 자다. 자도는 잘생겼을 뿐만 아니라 무술 또한 뛰어났는데, 특히 활을 잘 쏘았다. 그래서 정 장공鄭莊公의 총신이 될 수 있었다. 그러나 자도는 잘생겼지만 마음이 좁았다. 《좌전 · 은공隱公 11년조》를 보면 그가 영고숙을 질투해 공격 중에 뒤에서 몰래 활을 쏘아 죽였다.

이런 결점이 있었음에도 불구하고 그 잘생긴 외모로 인하여 장공으로 대표되는 통치 계층을 움직였을 뿐만 아니라 정나라 여자들의 흠모도 받았다. 게다가 맹자와 같은 후대 사람들도 그의 수려한 모습을 인정하고 있다. 이런 점에서 자도가 미남자의 대열에 등장하는 것을 조금도 의아하게 여길 필요가 없을 것이다.

위의 《시경·정풍》에 나오는 부소는 또한 진시황의 맏아들 이름이기도 하다. 전하는 바에 의하면 부소의 어머니는 정나라 사람으로 늘 이 노래를 좋아하였기 때문에 아들을 낳자 부소라 이름 지었다 한다. 부소는 나뭇잎이 아주 무성한 나무로, 이렇게 이름을 지은 것을 보면 다른 한편으로 진시황의 맏아들에 대한 기대가 매우 컸다는 것도 알 수 있다.

비참한 운명의 미남자들

미인박명이라는 말은 비단 미인만이 아니라 미남들에게도 적용되는 것 같다. 일반적으로 고대에 미남으로 불렸던 사람들은 모두 비참한 운명을 맞이했다.

송옥宋玉은 반악과 함께 중국 역사상 가장 유명한 미남자라고 한다. 그러나 중국의 문헌 중에 그가 얼마나 잘생겼는지 기록해 놓은 것은 적다. 하지만 그가 쓴 〈등도자호색부登徒子好色賦〉라는 글 속에 "사람이 옥처럼 아름답고, 아름다운 언어에 호색한이다"라고 되어 있다. 그래서 후에 '등도자'는 호색한의 대명사가 되었다. 그러나 이 글이 송옥의 글인

▲난릉왕 가면
▶난릉왕 가면극
▼난릉왕 조각상

지 아닌지 그 진위는 아직도 밝혀지지 않고 있다.

여포呂布도 매우 잘생긴 사람이었다. 키가 190센티미터 이상이고 얼굴도 아주 잘생긴 데다가 무예 또한 출중하였다. 여포는 옷을 화려하게 차려입고는 손에 화극을 들고 적토마를 타고 다니면서 여성들을 희롱하였다. 그래서 당시 '사람은 여포, 말은 적토'라는 말이 있을 정도였다. 그런 까닭에 4대 미인의 하나인 초선貂蟬과 사랑에 빠졌던 것이 아닐까?

24세 때에 중랑장中郎將에 배수된 주유周瑜는 잘생겼을 뿐만 아니라 시간이 날 때면 거문고를 타면서 자신을 돌아볼 줄 아는 사람이었다. 주유와 소교小嬌의 사랑 이야기는 절절하다.

난릉왕蘭陵王으로 더 잘 알려진 북제 때의 고장공高長恭은 얼마나 잘생겼던지 황제가 소개해 준 19명의 아가씨조차 거들떠보지 않았다고 한다. 그는 무예가 뛰어났지만 너무도 곱상한 얼굴 때문에 전장에서

적들이 업신여기기 십상이었다. 그래서 그는 흉악한 가면을 쓰고 전쟁터에 나갔다고 한다. 그는 음악에도 뛰어난 소질이 있어서 가면을 쓰고 노래하며 춤추었는데, 현재 일본에서 가면극을 난릉곡이라고 하는 것을 보면 문화의 전파력이 참으로 강하고 파급 범위도 넓다는 것을 새삼 느끼게 된다.

서진시대의 시인인 혜강嵇康은 거문고도 잘 타서 주유와 비견되곤 하는데, 〈광릉산廣陵散〉이 대표적인 그의 연주곡이었다. 주유가 남방의 여성들의 흠모의 대상이었다면 북방 여성들의 흠모의 대상은 바로 혜강이었다. 미남자들 중에서 가장 먼저 비참한 최후를 맞은 사람은 바로 혜강인데 그때 나이 40세였다. 그의 아내가 조조의 증손녀였기 때문에 위나라의 정치투쟁 속에서 자연히 조씨 가문 쪽으로 기울었다. 결국 그는 장군 종회鍾會의 모함을 받아 사마소에게 희생당하였다. 그가 사형을 선고받자 3천여 태학 유생들이 무릎을 꿇고 사면을 요청했으나 소용 없었다. 죽을 때 그는 〈광릉산〉을 연주하고 죽었다고 한다. 그는 음악의 여운 속에서 영원히 가 버린 것이다.

서진西晉 사람 반악潘岳 역시 미남자의 대명사다. 반악이 젊었을 때 마차를 타고 낙양성에 갔는데, 당시 수많은 젊은 여자들이 잘생긴 그를 보고는 길 가는 것조차 잊을 정도였다고 한다. 그래서 반악은 외출하기가 두려울 정도였다. 여성들은 그가 타고 가는 마차에 과일을 마구 던지며 그에 대한 마음을 표현하였다. 그래서 그는 매번 마차에 가득 과일을 싣고 집에 돌아왔다고 한다. '팔왕의 난' 때에는 실세에 붙어 악명을 떨쳤지만, 그의 문장은 침울함이 가득하다. 또한 10세 때에 정혼한 후 결혼한 부인과의 정이 아주 깊어서 부인이 세상을 떠난 후에 지은 '애도시'는 절절하게 가슴을 에는 아름다운 명문으로 남아 있다.

청말 민국초의 4대 미남

청말 민국초의 4대 미남으로는 왕정위汪精衛, 주은래周恩來, 매란방梅蘭芳, 장학량張學良을 꼽는다.

왕정위는 우리나라 독립군과도 관련이 있는 사람이다. 독립운동가 이용준李容俊이 친일파 왕정위의 암살 의거에 가담했기 때문이다. 인물로 치자면 왕정위는 민국시대 최고의 미남자로 공인된 사람이다. 그러나 말년의 친일 행각으로 그의 잘생긴 모습이 빛을 못 보게 되었다. 사람들이 그를 보고 감탄하며 평하기를 "두 눈에 협기가 흐르며 아무리 보아도 질리지 않는 얼굴"이라고 했다.

주은래를 만나 본 사람들은 모두 그의 풍모와 매력을 인정했다. 그는 남개대학 시절에 〈돈 한 푼〉이라는 연극에서 여주인공 역을 맡기도 하였다.

중국 최고의 경극 배우 매란방

매란방은 중국 경극 배우였다. 1927년에 4대 명단(名旦 : 경극에서 여자 역할을 하는 배우)으로 선정되었으며, 많은 사람이 그를 진짜 여자로 여길 정도였다. 당시에는 여성들이 경극 무대에 오를 수 없었기 때문에 여장 남자들이 여주인공 역을 맡았다. 특히 그가 양귀비로 출연한 〈태진외전太眞外傳〉을 보느라 가산을 탕진한 사람이 부지기수였다고 한다.

장학량 역시 미남자의 대열에 속했다. 풍채가 늠름하고 누구도 따라올 수 없는 용모를 지녀, 무솔리니의 딸도 그에게 첫눈에 반했다고 한다.

앞에서 살펴본 것처럼 중국에서는 4대 미남이니, 역대 10대 미남이니, 13대 미남이니 하면서 역사 속의 미남들을 자주 입에 올리곤 한다. 우리나라의 역대 미남은 아직 과문한 탓인지 들어 보지를 못하였다. 얼마 전에 현재 우리나라에서 가장 잘생긴 얼짱을 발표한 적이 있는데, 조각 미남 장동건(92표)이 1위였다. 2위(51표)와의 표차가 무려 41표나 되었다. 이들이 나중에도 한국을 대표하는 미남으로 남을 수 있을지는 미지수다.

청말 민국초의 4대 미남 왕정위, 주은래, 매란방, 장학량.

화룡점정 畵龍點睛

그 밖의 더욱 재미있는
고사성어들

정저지와 井底之蛙

여도지죄 餘桃之罪

아, 사랑하는 우희여! 어찌해야
좋단 말이냐?
─사면초가

四面楚歌

사방이 적으로 둘러싸인 고립무원孤立無援의 상태.

四 : 넉 **사**
面 : 낯 **면**
楚 : 초나라 **초**
歌 : 노래 **가**

　일세의 영웅 항우項羽를 생각하면 자연히 '사면초가四面楚歌'란 말이 떠오른다. 그러나 항우를 우리에게 더욱 크게 각인시킨 것은 어쩌면 영화 〈패왕별희覇王別姬〉일지도 모른다. 여주인공보다 더 아름다웠던 남자 장국영! 영화처럼 우리를 버리고 만우절에 정말 거짓말처럼 가 버린 장국영이 우희로 등장했던 영화 〈패왕별희〉는, 경극 〈패왕별희〉를 소재로 하여 중국 문화대혁명 때의 혼란상을 그리고 있다. 여기서 패왕은 항우이며 희는 우미인 우희虞姬를 말한다. 즉 항우가 우희와 이별하는 이야기다.

　진나라 말기에 천하가 온통 다 혼란 속에 휘말려들고, 야심이 있는 사람들이 들고일어나 중원을 자신의 수중에 넣으려 하였다. 혼전 속에서 마지막까지 남은 것은 바로 유방劉

경극 〈패왕별희〉의 한 장면

邦과 항우項羽의 양대 세력이었다. 이 두 영웅은 우선 힘을 합쳐 진나라를 멸하고 천하를 나누었으나, 그들은 서로 줄곧 전쟁을 벌였다. 그들 모두 황제가 되고자 하는 야심이 있었기 때문이다. 서로 전쟁을 벌이며 이겼다 졌다를 반복하면서 몇 년을 끌었다.

한 고조 5년부터 유방과 항우의 세력 균형에 변화가 생겼다. 유방의 병력은 나날이 강대해져 가는 반면, 항우의 병력은 점점 쇠락해 갔다. 이때 항우가 유방에게 홍구(鴻溝 : 현재 하남 형양현의 가로하賈魯河)를 경계선으로 삼고 서로 침범하지 말 것을 제의하였다. 유방은 항우가 몹시 용맹하고 전쟁을 잘하는 것을 두려워하였기 때문에 표면적으로는 승낙하였다. 그러나 암암리에 군대를 정비하고 세력을 키워 나갔다. 얼마 지나지 않아 유방이 항우를 토벌하게 되었고, 마침내 항우의 군대를 해하(垓下 : 지금 안휘성의 영벽)로 몰고 갔다. 유방은 항우의 군대를 겹겹이 에워쌌다. 항우의 원군이 금방 도착할 수 없었기 때문에 정세가 몹시 위급했다. 그러나 유방은 여전히 항우를 두려워하며 감히 무력으로 그를 이길 엄두를 내지 못했다. 후에 장량張良의 계책을 받아들여 심리전을 펴기로 하였다. 즉 사방에서 초나라의 노래를 불러 그를 제압하고

자 하였다. 유방은 암암리에 전 사병에게 초나라의 방언으로 민요를 배우게 한 뒤에 초나라 군대를 둘러싸고 반복해서 노래를 부르게 하였다. 그럼으로써 한나라 군대가 이미 초나라 땅을 점령했음을 시사하였다.

어느 날 밤중에 항우가 문득 초나라의 노래를 들으니 몹시 슬프고, 마치 우는 듯도 하고 하소연하는 듯하면서 끊이질 않았다. 항우는 속으로 '도처에 왜 이리 초나라 사람들이 많은가? 혹시 한군이 이미 초나라 땅을 점령한 것은 아닐까?' 하고 생각했다. 그러자 절망감이 엄습하였다. 그는 한군이 천하를 얻었다면 대세는 이미 기울었다고 생각하였다. 그러자 그의 사랑하는 여인 우희가 그를 위로하며 어떻게든 이 난관을 극복하고 빠져나가 후일을 도모하라고 말했다. 그러나 항우의 투지는 이미 꺾이고, 장막 밖의 병사들의 한숨 소리가 수시로 귀에 들려왔다. 그는 장막 안에서 사랑하는 우미인과 술을 마시며 노래 한 곡조를 불렀다.

경극 〈패왕별희〉 속의 우희

力拔山兮氣蓋世(역발산혜기개세)
時不利兮騅不逝(시불리혜추불서)
騅不逝兮可奈何(추불서혜가내하)
虞兮虞兮奈若何(우혜우혜내약하)

힘은 산을 뽑고 기세는 세상을 덮지만

때는 불리하고 추는 가지 않누나

추가 가지 않으니 어찌하리

우희여, 우희여, 어찌할거나

이 노래는 '나의 온몸에 힘과 빛나는 명망이 있지만, 시운을 잘못 만나니 애마 추도 나를 위해 불평을 하는구나. 우희여, 우희여, 우리는 어찌해야 좋단 말이냐?' 하는 뜻이다. 우희는 항우의 노래를 듣고 상심한 나머지 항우에게, "제발 저를 마음에 두지 마세요. 대왕께서는 빨리 이 포위망을 뚫고 나가시는 게 급선무입니다" 하고 권한다. 그리고는 항우가 안심하고 포위망을 뚫고 나가게 하기 위하여 그가 잠시 몸을 돌린 틈을 타서 보검을 꺼내 자살한다. 항우는 우희가 이미 죽은 것을 보고는 남아 있는 8백여 명의 강동江東 출신의 젊은 병사들을 데리고 어두운 밤을 도와 말을 타고 포위망을 벗어났다.

날이 밝자 한나라 군대가 항우가 이미 포위망을 뚫고 달아난 것을 알고는 재빨리 군사를 파견하여 추격하였다. 항우가 회하淮河를 건넜을 때 그 곁에는 8백 명 중 겨우 1백 명만 남아 있었다. 항우는 팽성彭城으로 돌아가 병마를 정돈하고 권토중래하리라 마음먹었다. 그러나 가다가 길을 잃게 되었고, 마침내 한나라 병사들의 추격을 받게 되었다. 그때 수하들이 뿔뿔이 흩어져 겨우 28명만 남게 되었다. 패왕 항우가 오강(烏江: 지금의 안휘성 화현和縣 동북쪽) 가에 도달하니, 마침 오강의 정장(亭長: 향촌의 장으로 진한시대에는 10리마다 정亭을 두고 정마다 장長을 두어 도적을 잡게 하였다)이 작은 배 한 척을 마련해 두고 기다리고 있었다. 정장은 항우에게 빨리 강을 건너 강동에 가서 왕이 될 것을 권하였다. 그러나 항우는 강동에 있는 어른들을 볼 낯이 없다고 여기고 강을 건너려 하지 않았다. 그는 자신의 애마를 정장에게 선물하고 돌아서서 한나라 군대와 죽기를 작정하고 싸웠다. 쌍방이 한바탕 전투를 벌인 후 항우의 부하들이 모두 죽어 버렸다. 항우 혼자서 한나라 병졸 몇백 명을 죽이고 나니, 항우 자신도 10여 군데에 상처를 입게 되었다. 항우가 결국 보검을 빼어 자살하니 그때 나이 겨우 31세였다. 초패왕 항우의 죽음으로 유방은 천하를 얻었고, 정식으로 황제로 즉위하니 바로 한 고조다.

경극의 얼굴 분장

역사의 기록은 이렇다. 그래서 사면초가가 '사면에서 들려오는 초나라 노래' 란 뜻으로, 사방팔방으로 빈틈없이 적에게 포위된 고립무원의 상태, 또는 주위에 반대자 또는 적

경극 속의 조조

경극 속의 항우

항우의 얼굴 분장
이런 분장을 십자문+字門
분장이라고 한다.

이 많아 고립되어 있는 처지 등을 비유하게 되었다.

경극을 관람할 때 우리는 배우들의 화려한 복장과 분장한 얼굴 모습을 보게 된다. 경극에서 얼굴 분장을 리엔푸(臉譜)라고 하는데, 그 분장 모습으로 이미 등장인물의 배역이나 성격을 알 수 있다. 경극 속의 항우의 얼굴 분장은 십자문+字門에 속한다. 이마에서부터 아래로 선을 그리고 눈 주위에 열 십+ 자를 그리는데, 주로 사용하는 것은 검정색과 흰색 두 가지이다. 유백의 바탕색은 그의 자부심으로 가득 찬 성격을 상징하고, 검은색은 그의 강직함과 불굴의 의지를 나타낸다. 그의 눈썹 주위의 문양은 두 개의 변형된 목숨 '수壽' 자이며, 이는 그가 오래 산다는 것이 아니라 역설적인 표현으로 단명하리라는 뜻을 내포하고 있다. 그래서 '슬픈 눈빛과 콧망울'은 보기에도 우는 상인데, 그가 우희와 이별할 때 '몇 줄기 흘리는 눈물'의 상심한 모습과 마지막으로 오강에서 자결하는 비극의 결말을 표현하고 있다.

경극은 상징의 예술이다. 그래서 그 상징 코드만 알게 되면 경극 관람이 의외로 수월해진다. 우리가 잘 아는 포청천의 얼굴 분장은 검은빛이고, 조조는 흰빛이며, 관우는 붉은빛이다. 검은빛은 청렴강직하고 공명정대한 것을 나타내고, 흰빛은 간사하고 교활함을 나타내며, 붉은빛은 충직함과 충

경극에 사용되는 각종 얼굴 문양

성을 나타낸다. 그러므로 경극이 존재하는 한, 조조는 영원히 간사한 인물로 그려질 것이다. 그래서 곽말약이 조조의 억울함을 달래 주기 위하여 희곡 〈채문희〉를 썼다고 한다. 또 경극 속에서 항우는 검은 채찍을 들고 있는데, 이는 애마 오추를 상징한다. 검푸른 털에 흰 털이 섞이고 하루에 천 리를 달리는 준마였던 오추마를 상징하고 있다. 당연히 관우의 손에 들려 있는 붉은색 채찍은 적토마를 상징한다.

중국의 미남 혜강
—군계일학

群鷄一鶴

닭의 무리 속에 끼어 있는 한 마리의 학이란 뜻으로 여러 평범한 사람들 가운데 뛰어난 한 사람이 섞여 있음을 이르는 말.

群 : 무리 군
鷄 : 닭 계
一 : 한 일
鶴 : 학 학

혜강(嵆康 : 223~263)은 위진魏晉시대의 문학가이자 '죽림칠현'의 한 사람이다. 혜강은 요즘 말로 하면 얼짱에 몸짱이었던 듯하다. 게다가 문학, 현학玄學, 음악 등 못하는 것이 없었다고 한다. 그는 조조曹操의 증손녀 조림曹林을 아내로 맞이하고 중산대부中散大夫로 승진했기 때문에, 역사에서는 그를 '혜중산嵆中散'이라고도 한다. 사마소司馬昭가 혜강을 자기 휘하에 두고 싶어했지만, 혜강은 당시 황실 쪽과 가까웠기 때문에 그와 타협하지 않았다. 사마소의 심복 중에 종회鍾會라는 사람이 있었는데, 그가 혜강과 교류를 갖고자 하였다. 종회는 당시 귀족 집안의 자제로, 그의 아버지는 해서체를 확립시킨 유명한 서예의 대가인 종요鍾繇였다. 종회도 여느 젊은이처럼 혜강을 몹시 숭배하였다.

하루는 혜강이 상수(向秀 : 向을 상으로 발음한다)와 함께 큰 나무 밑에서 운동을 하고 있는데, 종회가 찾아왔다. 그러나 혜강이 계속 운동만 하였다. 종회가 오

랫동안 기다리다가 갔다. 돌아가는 종회에게, 혜강이 "무엇을 듣고 왔으며, 무엇을 보고 가는가?" 하고 물었다. 종회는 "들은 바대로 듣고 왔으며, 본 대로 보고 간다"라고 대답하였다. 혜강의 물음은 종회의 자존심을 짓밟았다. 종회도 본래 문장을 잘하였지만 혜강만큼은 명성이 자자하지 못했다. 종회가 글을 써 가지고 혜강을 방문했지만 들어가지는 않고 자신이 쓴 글만 혜강 집에 집어던지고 돌아왔다. 그러나 거기에 대한 회답은 끝내 없었다. 혜강의 냉대를 받은 종회는 이러저러한 일로 마음속이 혜강에 대한 분노로 가득 차게 되었다. 어떤 사람은 종회가 그토록 혜강을 미워하게 된 것은 혜강이 운동하면서 그 잘생긴 얼굴에 근육질의 몸매를 보여 주어 질투가 났기 때문이라고도 한다. 혜강의 냉대를 받은 후로 두 사람은 사이가 좋지 않게 되었다.

혜강의 친구인 여안呂安이 불효하다고 그 형이 모함을 하였다. 이에 혜강이 나서서 여안을 변호하였는데, 종회가 이 기회를 놓치지 않고 사마소에게 참소해 여안과 혜강을 함께

처치하게 했다. 당시 태학 유생 3천여 명이 혜강의 사면을 위해 모두들 혜강을 스승으로 받들겠다고 하였지만, 사마소는 끝내 허락하지 않았다. 형이 집행되기 전에 혜강은 태연자약하게 거문고를 갖다 달라고 부탁해〈광릉산廣陵散〉한 곡을 연주하고 죽음을 맞이하였다.

군계일학의 혜소

청대 죽림칠현 항아리

청대 죽림칠현 붓통

혜강 사후에 그의 아들 혜소秘紹는 고아가 되고 말았다. 혜소의 자는 정조廷祖다. 그는 어른이 되자 아버지처럼 출중한 재주를 뽐내게 되고 또 멋진 신체로 얼짱, 몸짱이 되었다. 그리하여 자연스럽게 어디를 가더라도 사람들의 눈길을 끌었다.

서진西晉이 건국된 후 혜소는 조정의 부름을 받고 낙양에 가서 관리가 되었다. 어떤 사람이 혜소를 본 후 '죽림칠현'의 한 사람인 왕융王戎에게 "내가 어제 혜소를 보았는데 어찌나 잘생겼던지 마치 한 마리 선학이 닭 무리 속에 있는 것처럼 눈을 끌더군" 하고 말하였다. 그러자 왕융이 그 소리가 끝나기가 무섭게 "흠, 자네가 혜강을 못 봐서 그런 소릴 하는 거야. 그 아버지는 혜소보다 훨씬 더 잘생겼었다네" 하고 말하였다.

이때부터 '군계일학' 이라는 말이 널리 퍼지게 되었는데,

중국에서는 군계일학이라고 하지 않고 학립계군鶴立鷄群이라고 한다. '야학재계군 野鶴在鷄群'에서 나온 말이다.

어찌 되었든 혜소는 진 혜제晉惠帝 사마충이 제위에 오른 후 시중의 관직에 올라 황제 곁에서 일을 보게 되었다. 그리하여 자주 궁정에 출입하며 왕의 큰 신임을 받았다. 비록 당시 왕실에서 권력 다툼이 벌어져 서로 죽고 죽이는 상황이었지만, 혜소는 진나라에 충성을 다하였다.

서기 291년에 서진 왕족 내부에서 '팔왕八王의 난'이 일어났다. 하간왕 사마옹과 성도왕 사마영이 연합해서 서울인 낙양으로 진격하였다. 혜소는 혜제를 따라 출전하였다. 당시의 장수와 시위 무사 들은 도망하기에 바빴지만, 혜소는 시종여일 혜제를 보호하였다. 반군의 화살이 비 오듯 쏟아지는 가운데 혜소가 몇 대의 화살을 맞아 그의 피가 혜제의 전투복에까지 튈 정도였고, 결국은 전장에서 죽었다. 혜제는 이에 크게 감동을 받아, 전쟁이 끝난 후에 혜제의 전투복에 튄 핏자국을 없애려 하자 이를 제지하며 "내버려 두거라. 이것은 혜소의 피이니라" 하고 말하였다. 위의 일은 《진서晉書·혜소전》에 기록되어 있다.

군계일학이 된 학은 행복할까?

흔히 사람들은 '군계일학'이란 말을 인품이나 인물, 재능이 일반인보다 출중할 때 쓴다.

그런데 이 말을 한번 뒤집어 생각해 보고 싶다. 이때 뜻을 이룬 것은 학일까, 아니면 닭일까? 본래의 뜻은 물론 우리가 현재 새기는 대로 다른 사람보다 출중하다는 것이지만, 냉정하게 살펴볼 때 학은 실로 아주 어려운 처지에 놓여 있다고 볼 수 있다. 군계일학이라고 말할 때 사람들은 오로지 학의 아름답고 고고한 면만 보고 학의 불행과 비애는 보지 못하고 있다. 고고하게 보이는 학은 높은 품격을 상징하며, 예로부터 많은 지식인이 학을 닮고자 하였다. 그러나 그들은 결코 닭 무리 속에서 뛰어남을 희망하지는 않았다. 군계일학은 수많은 닭 속에서 뛰어날 뿐이다. 학은 닭 무리 속에서는 그저 지나가는 나그네일 뿐이다. 닭 무리를 공격하고는 힘차게 날갯짓을 하며 날아오를 것이다. 학은 학이고, 닭은 닭이다. 학이 어째서 닭 무리와 함께 있는가? 학은 창공을 날면서 노래할 때 비로소 그 존재 가치가 있다. 닭 무리 속에 있는 학이 가짜 학이 아니라면 무엇을 먹고 살 수 있단 말인가? 진짜 학이라면 굶어 죽고 말 것이다.

사실 키가 큰 학이 키 작은 닭 무리 속에 있다면 상대적으로 주위의 닭들에 비하여 당연히 크게 보일 것이다. 이럴 경우 닭들의 입장에서 보면 학은 정말이지 절대로 따라갈 수 없는 존재이므로 왕따시켜 버릴지도 모른다. 학 역시 주위의 닭들을 멸시할 것이다. 그러니 닭들 속에 끼어 있는 학이 야말로 고독한 존재다. 닭과 학은 근본적으로 어울릴 수 없는 다른 종류이며 공통점이 아무것도 없다. 학에게 진정으로 이들 닭 속에 끼어서 자신을 드러내고 싶냐고 묻는다면, 그 대답은 반드시 '그렇다'가 아닐 것이다. 사실 이런 비유는 옳지 않다. 무엇인가를 비교할 때에는 성질이 비슷한 것끼리 하는 것이 합당하고 의의가 있다. 그래야 설득력이 있게 된다.

진정으로 훌륭한 학이라면 자아를 잃고 닭 무리 속에 들어가 영웅인 체하며 살고 싶을까? 같은 무리 속에서 자신의 실력을 인정받아야 비로소 진정한 학일 것이다.

이 목숨 대신 명검을 만들 수 있다면
─간장막야

干將莫耶

중국 춘추시대 간장이 만든 두 자루의 명검.

干 : 방패 　간
將 : 장수 　장
莫 : 없을 　막
耶 : 어조사 　야

　　많은 분이 한때 중국 무협 소설에 탐닉했던 추억이 있을 것이다. 필자는 무협 소설보다는 무협 영화나 드라마에 탐닉했던 때가 있었다. 가장 좋아했던 것은 〈초류향楚留香〉이었는데, 유학 시절에 대만 양명산에서 초류향의 주인공인 정소추鄭少秋가 촬영하는 장면을 보면서 흥분하던 기억이 새롭다. 〈초류향〉에서 주인공이 부채 하나로 검이나 창에 대적하는 멋진 모습들을 보면서 그야말로 무협 영화 골수 마니아를 자처하던 적이 있는데, 아마도 〈초류향〉을 무협 드라마의 최고 공신으로 보아도 무방할 것이다. 그 후에 수많은 〈초류향〉류의 시리즈가 나왔고, 현재도 계속 리바이벌되고 있는 실정이다.

　　영웅들에게는 그에 걸맞은 검들이 있다. 나폴레옹의 황

금검이 60억 원에 경매되었다는 보도가 있었다. 중국에도 사실을 확인하기는 어렵지만 조조의 의천검, 유비의 자웅일 대검, 조자룡이 장판교 전투에서 하후은으로부터 획득한 청공검과 관우의 82근짜리 청룡언월도, 장비의 장팔사모 등이 영웅과 함께한 명검의 이름이다.

중국 신화 속에 등장하는 명검인 간장막야와 함께 중국 10대 명검을 한번 살펴보고자 한다.

간장막야

'간장막야干將莫耶'의 전설은 다음과 같다.

간장은 오나라(초나라는 설도 있음) 도장刀匠의 이름이고 막야는 그의 아내인데, 검의 명인 구야자의 제자라고 한다. 오왕(오왕 합려闔閭라는 설도 있음)이 이들에게 왕비가 낳았다는 쇳덩이를 주면서 명검 주조를 부탁하였다. 이들은 온 정성을 다하며 3년간 쉬지 않고 매달린 끝에 두 자루의 검을 완성하였다. 검을 만들 때 막야는 쇠와 함께 자신의 머리털과 손톱을 용광로 속에 넣고 녹였다. 이처럼 부부가 수년을 노력하여 만들었기 때문에 자신들의 이름을 붙여 웅검雄劍은 '간장'이라 하고 거북 문양을, 자검雌劍은 '막야'라고 명명하고는 물결 문양을 새겨 넣었다.

간장은 검을 왕에게 전달하기 위해 집을 나서면서 아내

막야에게 말했다.

"웅검인 간장검은 숨겨 두고 자검인 막야검만 왕에게 바치러 가오. 모르긴 해도 나는 돌아오기 어려울 거요. 당신은 임신 중이니 딸을 낳으면 그만두고 아들을 낳거든 이렇게 일러 주시오. '남산을 바라보면 돌 위에 자란 소나무가 있을 것이고, 그 소나무 뒤에 보검이 있을 것이다.' 그애가 나를 위해 원수를 갚아 줄 것이오."

간장은 이렇게 말하고는 울부짖는 아내를 남겨 두고 떠났다.

오왕은 간장이 바친 자검을 받고 몹시 기뻐하면서 어째서 보검을 한 자루만 가져왔느냐고 물었다. 간장이 왕께서 내려 주신 쇳덩이가 너무 적어 한 자루밖에 못 만들었다고 하자, 오왕은 그러지 않아도 죽이려던 차였기 때문에 이것을 구실 삼아 그 자리에서 간장의 목을 베어 버렸다. 명검을 구경하던 신하들이 모두 놀라자, 오왕은 뒹굴고 있는 간장의 머리통을 흘끗 바라보더니 중얼거리듯이 말했다.

"천하의 명검인 건 확실해. 그러나 저자를 살려 두면 적국에 가서 더 나은 명검을 만들지 않겠어!"

자신의 운명에 대한 간장의 예언은 적중했고, 그 후 막야가 아들을 낳았는데 눈썹과 눈썹 사이가 유난히 넓어 미간척眉間尺이라고 이름을 지었다.

오왕 부차의 창

장성한 미간척은 모친으로부터 부친이 살해된 얘기를 듣고 복수를 하기 위해 남산으로 가서 웅검을 찾아 헤맸으나 결국 찾지 못했다. 그런데 어느 날 미간척은 문득 느껴지는 바가 있었다.

"가만있자! 남산을 바라보며 돌 위에 소나무가 서 있는 뒤쪽이라면 바로 우리 집 주춧돌 밑이 아닌가!"

명검을 찾아낸 미간척은 곧 복수의 길에 올랐다.

이 이야기는 우리나라의 고구려 제2대 왕인 유리왕의 친자 확인 설화와 비슷하다.

유리왕의 아버지 동명왕은 부여를 떠날 때 아내에게 "만일 부인이 사내아이를 낳거든 내가 지녔던 유물을 일곱 모가 난 돌 위 소나무 밑에 감추어 두었으니, 그것을 찾아 내게로 오게 하시오. 그러면 그를 내 아들로 맞겠소" 하고 당부했다. 그 말을 어머니로부터 들은 유리는 산골짜기를 헤매고 다니며 유물을 찾았으나 끝내 찾지 못하고 돌아왔다. 그러던 어느 날 집에 있는 기둥과 주춧돌 사이에서 이상한 소리가 나는 듯해서 가 보니, 주춧돌이 일곱 모로 깎여 있고 그 돌 위에 세워진 기둥은 다름 아닌 소나무 기둥이었다. 유리는 곧 기둥 밑의 흙을 파고 끊어진 칼 토막 하나를 찾아냈다. 그리곤 그것을 가지고 동명왕을 찾아가 아들임을 확인받았다는 것이다. 주춧돌이나 소나무 등은 설화나 전설 속

매미 문양의 청동 창

에 보편적으로 나오는 소재들이다.

한편 오왕은 한 아이가 나타나 떠들어 대는 꿈을 꾸었다.

"나는 간장의 아들 미간척이다! 아버지의 원수를 갚으러 왔으니 어서 네 목을 내놔라!"

왕이 깜짝 놀라 잠에서 깨 보니 전신이 식은땀으로 젖어 있었다.

'꿈이 너무 생생하군! 그래, 스무 해 전에 간장이라는 자를 벤 일이 있었지!'

오왕이 화공을 불러 꿈속에 나타났던 미간척의 얼굴을 그리게 하니 꿈속에서 본 것과 똑같았다.

이리하여 미간척의 목에 천금의 현상금이 붙어 버렸다. 미간척은 전국 곳곳에 나붙어 있는, 자신의 얼굴이 그려진 방문을 보고 도망쳐 숨는 수밖에 없었다. 미간척은 호젓한 산속에서 자신의 비통한 심정을 노래하다가 검은 옷을 입은 한 협객을 만났다. 협객은 우는 연유를 물은 후 다 듣고 나서 자신이 대신 원수를 갚아 주겠다고 했다. 대신 조건이 있다고 했다.

초왕 염장鹽璋의 창

"말씀해 보십시오."

"자네의 머리와 그 명검이네."

"드리겠습니다."

"어떻게?"

미간척은 간장검을 빼서는 순식간에 제 목을 쳤다. 그리고는 머리와 검을 협객에게 내밀자, 깜짝 놀란 협객이 간신히 정신을 차리고 두 물건을 공손히 받았다.

"걱정 마시게! 반드시 자네와 자네 아버지의 원수를 갚아 주겠네!"

그제야 미간척의 몸이 옆으로 쓰러졌다.

협객이 오왕에게 미간척의 머리를 바치자, 오왕이 몹시 흡족해하며 머리를 멀리 들판에 갖다 버리라고 하였다. 그러자 천금의 현상금에다 융숭한 대접까지 받은 협객이 말했다.

"살아서 원한이 있던 자는 죽어서도 그 원혼이 모진 법입니다. 이자의 목을 커다란 가마솥에 넣고 삶아 흔적조차 남지 않도록 하십시오. 그렇게 하지 않으면 요괴로 변하여 무슨 해코지를 할지 모릅니다."

그럴듯하다고 여긴 오왕이 명을 내려 미간척의 목을 사흘 동안 계속 삶게 했다. 그런데도 얼굴 모습이 그대로인 데다가, 심지어 가마솥에서 눈을 부릅뜨고 불쑥불쑥 튀어나오려고 하였다.

협객이 다시 말했다. "그놈이 삶아지지 않는 것은 아직 사악한 기운이 남아서 그렇습니다. 대왕께서 몸소 내려오셔서 이놈의 눈을 노려보십시오. 그러면 대왕의 위용에 압도

되어 이놈이 삶아질 것입니다."

왕은 내키지 않았지만 협객의 말대로 가마솥 곁으로 다가 갔다. 협객은 기회를 놓치지 않고 잽싸게 간장검을 꺼내 왕의 목을 쳤다. 왕의 목이 가마솥 안으로 떨어지자 미간척의 머리가 오왕의 귀를 물어뜯었다. 그러자 오왕도 미간척의 코를 물어뜯었다. 구경하던 신하들과 비빈들이 비명을 지르고 호위병들이 협객을 에워싸며 달려오자, 협객이 먼저 제 목을 간장검으로 툭 쳐 버렸다. 이리하여 그 머리통이 가마솥 안의 끓는 물 속에 곤두박질치게 되자 곧 미간척을 도와 오왕의 머리를 물어뜯었다. 이렇게 이레 밤낮을 서로 물고 뜯고 하다가 동시에 녹아 버렸다.

이상은 간보干寶의 《수신기搜神記》, 《진서晋書·장화전張華傳》, 《한서·열전》 등에 나오는 이야기를 정리하여 본 것이다. 어느 문헌에는 간장이 초나라 사람으로 되어 있는데, 당시는 오·월·초나라 등이 서로 정벌 전쟁을 계속 벌여 나라가 자주 바뀌곤 하였기 때문이다. 그러므로 역사적 사실보다는 신화나 전설로 받아들이는 것이 좋을 듯하다. 후에 중국의 문호 노신魯迅이 그의 〈주검鑄劍〉이라는 작품에서 간장과 막야의 이야기를 변용하여 사회적 병폐를 지배 계층에 대한 복수로써 해결해 가고자 하는 경로와, 대다수 민중의 무지몽매로 인하여 선각자의 노력이 억압자의 죽음과 함께

상앙의 극戟
극은 갈고리 모양의 무기로 창과 흡사한 형태다. 날이 위치한 부분인 원援은 길고 위쪽으로 약간 구부러졌으며 위아래에 날이 있고 가운데 부분이 볼룩하게 솟아 있다. 이 극에는 '주 현왕 13년 대량조 상앙이 제조한 극(十三年大良造鞅之造戟)'이란 명문 10자가 새겨져 있다.

허사로 돌아가는 과정을 적나라하게 묘사해 내었다.

《초류향》의 작가 고룡古龍은 간장막야를 포함하여 중국의 10대 명검을 다음과 같이 정리하였는데 재미로 한번 알아 보겠다.

동검銅劍

중국의 10대 명검

제1검 헌원하우검軒轅夏禹劍

여러 신들이 수산首山의 청동을 채취하여 주조한 것으로 후에 하우夏禹에게 전해졌다고 한다. 한쪽에는 일월성신이 새겨져 있고, 또 다른 한쪽에는 산천초목이 새겨져 있다.

제2검 담로湛盧

담로는 검의 이름이자 눈을 뜻하는데 아주 검다는 뜻이다. 이 검은 전체가 검은색으로, 수많은 검의 눈들이 군왕이나 제후의 일거수일투족을 지켜보았다고 한다. 만일 국왕이 덕이 있으면 그 옆에 가만히 있지만, 국왕이 무도하면 검이 날아다니며 나라를 망쳤다고 한다.

제3검 적소赤霄

진秦나라 때 게으르며 술만 좋아하고 거짓말만 일삼는 허풍쟁이 청년이 있었다. 이 젊은이의 다리에는 72개의 검은

점이 있었는데 이를 천상도天相圖라고 했다. 그는 어디선지 검을 구해 지니고 다니면서 적소라는 이름을 붙이고 자신은 사람이 아니라 하늘에서 내려온 적룡이라고 하였지만, 아무도 그를 믿지 않았다.

또한 그는 시황제는 백룡이기 때문에 적룡인 자기보다 못하고, 그 시황제가 백사가 되어 곧 나타날 것이라고 하였다. 그러나 아무도 그의 말을 믿지 않았다. 그런데 마을 사람들이 하나둘 실종되기 시작했다. 백사가 어디선가 나타나 사람들을 잡아먹었던 것이다. 하루는 이 청년이 몸에 칼을 지니고 길에서 자고 있는데, 구름이 그의 몸을 덮고 구름 속에서는 적룡이 날아다니고 있었다. 그가 가지고 있는 검에서 일곱 개의 구슬이 빛나고 검신에는 적소라는 글자가 쓰여 있었다. 그제야 사람들은 이 청년의 말이 사실이라는 것을 알게 되었다. 이 청년이 바로 유방이고, 이 검이 바로 백사를 베고 의거를 한 적소검이었다. 적소는 곧 그 주인이 제왕이 된다는 검이다.

제4검 태아泰阿

춘추시대 때 초나라 왕이 풍호자風胡子를 보내 월나라의 구야자歐冶子와 오나라의 간장에게 몇 자루의 명검을 만들어 달라고 부탁하였다. 구야자는 당시 최고의 명검 제작 능

초나라식 검

이 검은 무사들이 차고 다녔던 무기이다. 이런 모양의 검은 중원 지역인 초, 오, 월나라 등에서 널리 사용되었으며, 파(巴:지금의 사천성 동부에 있었던 춘추시대의 나라 이름)나라 사람들이 사용했던 버드나무 잎 모양의 검과는 검날의 모양이 다르다.

력을 지니고 있었는데, 일찍이 월나라 왕을 위해 담로湛盧, 거궐巨闕, 승사勝邪, 어장魚腸, 순구純鉤 등 다섯 자루의 뛰어 난 보검을 만들어 준 적이 있었다.

그들은 초나라 왕의 부탁을 받고 곧 자산(茨山 : 지금의 안휘 성 경현 북쪽)에서 철을 채취하여 검을 만들기 시작하였다. 드 디어 용연(龍淵 : 또는 龍泉), 공포工布, 태아(泰阿 : 또는 太阿) 등 세 자루의 예리한 검을 만들었다.

당시 진晉나라는 강대국이었기 때문에 이 명검을 자격이 있다고 생각하였으나, 초왕은 이를 거절하였다. 그러자 검 을 핑계로 진나라가 초나라를 공격하였다.

진이 초를 포위한 지 3년, 성안의 식량이 바닥나고 국가 의 존망이 위태로웠지만 초왕은 이에 굴하지 않고 좌우에 분부하였다. "내일 성 위에서 싸우다가 여의치 않으면 이 검으로 자진을 할 테니 그 즉시 이 검을 주운 뒤 말을 타고 달려가 대호에 버려라, 그렇게 하면 이 태아는 영원히 초나 라의 것이 될 것이다."

다음날 초왕이 성에 오르니 사방이 진나라의 군사로 가득 하고, 자신의 성은 마치 망망대해의 일엽편주 같은 꼴이었 다. 진의 군대가 공격하여 들어오자 초왕이 검을 빼들고 적 군을 향해 달려갔다. 그런데 이때 기적이 일어났다. 단지 검 을 한 번 빼었을 뿐인데 성 밖에서 순식간에 모래와 돌이 날아가고 맹수가 포효한 듯 진의 군대 진영이 아수라장이 되어 버렸다. 이 일이 있은 후 초왕이 풍호자를 불러 그 연유를 묻자, 그가 "태아는 위엄의 검입니다. 내면의 위엄이 그 검을 통해 비로소 진짜 위엄이 되는 것입니다. 대왕께서 역경에도 불구하고 위풍당당하셨기 때문에 내면의 위용이 태아의 위엄과 연결된 것입니다" 하고 대답하였다.

손 모양의 창

제5검 칠성용연七星龍淵

구야자와 간장의 합작 보검이라고 한다. 구야자와 간장은 이 검을 주조하기 위하여 자산茨山을 파고 산중의 물을 끌어내고 화로를 북두칠성 옆으로 옮겨 검을 주조하였다. 검을 만들고 난 후 검을 보니 마치 산을 오르는 것 같고, 아래로는 깊은 연못을 바라보는 것 같으며, 표표히 거룡이 누워 있는 듯하여 이름을 '용연'이라고 하였다.

나중에 당나라를 세운 고조 이연의 이름과 같다고 해서 용천龍泉으로 개명하였다고 한다.

그러나 이 검이 유명해지게 된 것은 바로 한낱 이름 없는 어장인魚丈人 때문이었다. 오자서伍子胥가 모함을 받아 망명길에 오르고, 초의 군사들이 그 뒤를 쫓고 있었다. 오자서는 길을 잃고 헤매다 파도가 일렁이는 양자강 가에 이르게 되었다. 앞에서는 물이 가로막고 뒤에서는 추격병이 쫓아오는 아주 급박한 순간에 작은 배 한 척이 쏜살같이 달려오더니 자신을 부르는 게 아닌가. 이 배가 갈대 사이에 모습을 숨긴 채 안전하게 오자서를 건너편으로 건네주고, 뱃사공이 오자서에게 음식과 술을 대접하였다. 오자서가 감사의 예를 표하고 뱃사공의 성명을 물어보았지만, 뱃사공은 그저 어장인魚丈人이라고만 대답하였다. 오자서는 거듭 감사의 뜻을 표한 후에 길을 떠났다가 얼마 뒤에 다시 돌아왔다. 그리곤 허리춤에 차고 있던 보검인 칠성용연을 답례로 주면서 고마움을 전하고 자신의 신분을 발설하지 말아 달라고 부탁하였다. 어장인은 칠성용연을 받아들고 하늘을 보며 탄식한 뒤 오자서에게, "제가 당신을 구해 준 것은 국가의 충신이기 때문이지 보답을 바랐기 때문이 아닙니다. 지금 군자께서 저를 작은 이익이나 탐하는 사람으로 의심하시니, 저는 하는 수 없이 이 검으로 저의 고결함을 증명하는 수밖에 없습니다" 하고 말하고는 보검으로 자진을 하였다. 오자서가 슬퍼하고 후회했지만 이미 엎질러진 물이었다.

제6, 제7검 간장막야干將莫邪

고룡은 간장막야를 제6, 제7검에 포함시켰다.

제8검 어장魚腸

물고기 창자 칼이란 뜻이다. 이 검명은 전제專諸가 공자 광(光 : 이 사건으로 왕위에 오르는 오왕 합려)의 지시를 받아 오왕 요僚를 살해할 때 생선 요리의 뱃속에 이 검을 숨겼기 때문에 붙여졌다.

오자서는 부친과 형의 목숨을 앗아 간 비무기費無忌와 평왕, 그리고 초나라에 원한을 품고 있었고, 복수를 위해 자신을 조력해 줄 수 있는 사람이 필요했다. 그리하여 이전부터 오왕 요에게 반감을 품고 있던 공자 광을 왕위에 앉힐 결심을 하였다. 공자 광은 오왕 수몽壽夢의 장손이었다. 선왕이었던 오왕 수몽은 4명의 아들 중에서 계찰季札의 그릇이 가장 크다고 여겨 그에게 왕위를 물려줄 마음을 품고 있었으나, 그만 후계자로 책봉하기도 전에 수몽이 세상을 떠나게되었다. 선왕의 뜻을 알고 있던 형제들이 계찰에게 왕위를물려주려고 했으나, 계찰이 형님들을 놔두고 왕위에 오를수 없다며 한사코 거절하여 맏이인 제반諸樊이 왕위에 오르게 되었다. 하지만 선왕의 뜻을 받들려고 큰아들이 동생들에게 왕위를 넘기는 과정에서 문제가 발생해, 셋째 여말의아들인 요가 왕위에 올랐다. 이에 제반의 맏이인 광이 장남의 아들인 자신이 왕위에 오르는 것이 당연하다고 여기고오왕 요에게 불만을 품게 되었다.

오자서가 광에게 천하의 칼잡이로 불리는 전제를 추천하
자, 광은 오자서가 자신의 뜻을 알고 있는 데 놀랐지만 내색
하지 않고 전제를 받아들였다. 서로 말은 하지 않았지만 서
로의 심중을 읽고 있었던 것이다. 그때 초나라에 국상이 나
자 오나라가 병력을 초로 이동시켰다. 광은 야심한 밤중에
오자서가 추천한 전제를 불렀다. 전제는 광에게 세 가지 부
탁을 하였는데, 그 하나가 바로 광의 어장검이었다. 이는 일
을 확실히 성사시키겠다는 암묵의 맹세였다. 그래서 광은
망설이지 않고 어장검을 내어 주었다.

광은 오왕 요의 연회에 초대되고, 함께 들어간 전제가 직
접 요리한 생선찜을 커다란 쟁반에 받쳐 들고 들어갔다. 쟁
반이 왕 앞에 놓여지고 왕이 음식에 손을 대려고 하는 찰나,
전제가 바람보다 빠르게 생선찜 속에 감춰져 있던 칼을 꺼
내고는 일갈을 하며 왕의 심장을 꿰뚫었다. 이에 광이 자신
이 왕위에 오르는 것이 합당함을 주장하며 왕위에 오르니,
그가 바로 오왕 합려다.

제9검 순균純鈞

춘추시대 때 오나라 월왕 구천이 어느 날 낮잠을 달게 잔
후에 진나라 사람인 설촉薛燭을 불렀다. 설촉은 젊은 나이임
에도 불구하고 검을 식별할 수 있는 혜안을 지니고 있었다.

월왕 구천의 검
월나라 왕 구천은 춘추시
대의 마지막 패자로 초나
라와 밀접한 관계가 있다.
초 혜왕惠王의 어머니가 바
로 구천의 딸이었기 때문
에 구천의 검이 초나라로
가게 되었는지도 모른다.
그러나 다른 한편으로 초
나라가 위왕威王, 회왕懷王
시기에 월나라를 멸했기
때문에 어쩌면 이 검을 전
리품으로 함께 매장했을
지도 모른다.

몹시 검을 좋아하던 구천이 시종을 시켜 검 하나를 가져오
게 하였다. 설촉은 그 검을 보자 온몸을 떨다가 "이것이 바
로 그 유명한 순균입니까?" 하고 물었다. 칼의 감정가로 당
시 이름을 떨쳤던 설촉이 특히 순균검의 가치를 값으로 따
지며 이렇게 말했다.

"준마 1천 필, 그리고 1천 호의 도시 두 개를 합친 것과
맞먹는 값어치가 나갑니다!"

제10검 승영承影

검자루만 보이고 검신은 안 보여 칼을 쥔 자의 손만이 움
직이는 듯했다고 한다. 그래서 그림자는 있되 형체는 없는
장검이다. 《열자列子·탕문편湯問篇》에 따르면 은나라 때 주
조된 명검으로 그 후 춘추시대에 위衛나라 사람 공주孔周가
소장하고 있었다고 한다.

이 10검 이외에 구야자가 만들었다는 거궐巨闕이 있다.
《천자문》에 "검은 거궐이라는 명검이 있고, 구슬 중에는 야
광주가 있다"라는 구절이 있는데, 거궐은 구야자가 만들어
월왕 구천에게 바쳤다는 보검이다.

《순자·성악편》에도 "……합려의 간장·막야·거궐은
모두 옛날의 좋은 검이다. 그러나 이러한 좋은 검들도 숫돌

에 갈지 않으면 날카로울 수 없고, 사람의 힘을 얻지 못하면 다른 것을 벨 수 없다"라는 구절이 있고, 《몽계필담》에도 "검이 강하면 칼날이 많이 해어지고 떨어지는 법, 거궐이 그러하다"라는 구절이 있는 것을 보면 거궐도 명검이었음에 틀림없다.

춘추시대에 이렇게 명검이 많이 주조된 것은 주철 기술의 발달 때문이었다. 이때의 주철 기술의 발명은 외국보다 약 2천 년 정도 빨랐다. 당시 일부 지역에서는 연강술煉鋼術이 발명되기도 하였는데, 오와 월나라는 가장 먼저 연강술이 발명된 지역이었다.

중국 사람들은 이런 명검 같은 데 관심이 아주 많다. 중국 사이트에 가 보면 심지어 중국 10대 명검이라면서 검 사진까지 싣고 있는데, 고소를 금치 않을 수 없다. 10대 검은 거의 전설상의 검인데 대체 어디에서 그 사진들이 나왔단 말인가?

중국의 역대 동성연애
―여도지죄

餘桃之罪

먹다 남은 복숭아를 먹인 죄라는 말로 총애를 받던 일이 나중에는 죄의 근원이 된다는 뜻.

餘 : 남을 **여**
桃 : 복숭아 **도**
之 : 갈, ~의 **지**
罪 : 허물 **죄**

사람의 마음이란 정말 알기 어려운 것이다. 이런 것을 잘 말해 주는 것이 중국의 고사성어 '여도지죄'가 아닌가 싶다.

'여도지죄'란 '먹다 남은 복숭아를 먹인 죄'라는 말로, 애정과 증오의 변화가 심한 것을 가리킨다. 《한비자韓非子·세난훈편說難訓篇》에 다음과 같은 이야기가 나온다.

우리, 같이 복숭아 먹어요

전국시대 때 위왕衛王 영공靈公의 총애를 받는 미자하彌子瑕라는 아름다운 소년이 있었다. 어느 날 어머니가 병이 났다는 전갈을 받은 미자하가 허락도 받지 않고 임금의 수레를 타고 집으로 달려갔다. 당시 허락 없이 임금의 수레를 타는 사람은 월형(刖刑 : 발뒤꿈치를 자르는 형벌)이라는 중벌을 받게 되어 있었다. 모든 신하가 위왕에게 미자하를 법대로 처리하라고 간하자, 영공이 말했다.

"되었다. 두 다리가 잘릴 줄 알면서도 어머니를 보려고 갔으니 효심이 지극하지 않으냐."

이리하여 미자하는 죄를 범했지만 오히려 칭찬을 받았다.

또 한 번은 미자하가 영공과 함께 과수원을 거닐다가 복숭아를 따서 한 입 먹어 보더니 아주 달고 맛있다면서 먹다 남은 복숭아를 왕의 입에 넣어 주었다.

"복숭아가 정말 달아요. 드셔 보세요."

이런 모습을 보고 있던 옆의 신하들이 깜짝 놀랐다.

"아니, 감히 먹던 복숭아를 임금님께 드리다니!"

"임금님께 이렇게 불경한 짓을 하다니, 죽고 싶어 환장을 했구나!"

그러나 영공이 웃으면서 말했다.

"뭘 그렇게 야단들이냐. 맛있는 것을 보고 과인과 나누어 먹으려고 그런 것인데. 그 마음씨가 예쁘지 않으냐."

영공은 이번에도 미자하를 용서해 주었다.

흐르는 세월과 더불어 미자하의 자태가 점점 빛을 잃어 가고 왕의 총애도 엷어져 갔다. 그러던 어느 날 미자하가 영공의 비위에 거슬리는 행동을 하자, 영공은 지난 일을 상기하고 이렇게 말했다.

"이놈은 언젠가는 몰래 과인의 수레를 탔고, 게다가 '먹다 남은 복숭아(餘桃)'를 과인에게 먹인 일도 있다."

이처럼 한번 애정을 잃으면 이전에 칭찬받았던 일도 오히려 화가 되어 벌을 받게 된다. 같은 말, 같은 행동일지라도 상대의 감정에 따라 다르게 받아들여지므로, 사람을 섬기는 일도 어렵거니와 의견을 말하는 것도 어려운 법이다. 우리나라에도 '열 번 잘하다 한 번만 잘못해도 모두 잘못한 것이 된다'는 말이 있지 않은가? 이것으로도 상대방이 어떻게 받아들일지 가늠하는 것이 얼마나 어려운 일인지 알 수 있다.

그런데 위의 미자하의 이야기를 보면 영공이 미자하를 대하는 마음이 마치 사랑하는 여자를 대하는 모습을 연상시킨다. 그래서 위의 '여도지죄'를 줄여서 '여도餘桃'라고 하는데, 이때에는 동성연애를 가리킨다. 얼마 전에 공전의 히트를 친 〈왕의 남자〉라는 영화에 배우 이준기가 여자보다 더 아름다운 얼굴로 왕의 총애를 받는 내용이 있었다. 이렇듯이 중국에는 옛날부터 제왕들이 사랑하는 미소년들이 있었다. 남자 동성애와 관련된 다른 말로는 '여도' 이외에 '단수斷袖', '안릉安陵', '용양龍陽' 등이 있다. 남풍男風, 즉 남성 간의 동성연애의 흔적을 역사서에서 많이 찾아볼 수 있다.

중국 역사상 첫 번째 동성애의 실례 기록은 《안자춘추晏子春秋》에 있다.

경공景公은 멋진 미남이었는데, 한 우인(羽人 : 관직명)이 경공을 불손하게 쳐다보았다. 경공이 좌우에게 말했다.

"저자가 어찌하여 과인을 불손한 눈빛으로 바라보는지 물어보거라."

그러자 우인이 대답했다.

"말씀드려도 죽고 말씀드리지 않아도 죽을 것입니다. 제가 생각건대 임금께서 너무 멋지게 생기셔서 하염없이 바라본 것입니다."

"과인을 색色의 대상으로 보았단 말인가? 죽여 버려라."

안자晏子가 이를 듣고 급히 입궁하여 알현하고 말했다.

"듣자 하니 전하께서 우인의 일로 화가 나셨다지요?"

경공이 대답했다.

"그렇소. 과인을 색의 대상으로 여겨서 그를 죽여 버릴 작정이오."

"제가 듣기로 남의 요구를 거절하는 것은 도가 아니며, 사랑한다는데 이를 미워하는 것은 상서로운 일이 아니라 하였습니다. 임금님이 너무 멋있다고 우인이 이상하게 말하였지만, 법적으로도 죽일 것까진 없습니다."

성교와 종족 번식을 상징하는 중국 임각화(신강성 호도)

"아, 그런가? 그럼 그자를 깨끗이 목욕시켜 장차 내 등이라도 한번 껴안아 보게 해야겠군."

이 내용으로 보아 우인이란 말직에 있는 자는 경공의 아름다움에 반했던 것이 틀림없다. 따라서 그는 동성애에 깊이 빠져 있었을 것이다.

청대의 춘궁화

황천에서도 모시고 싶어요

'안릉'에 관한 이야기는 《전국책 · 초책楚策》에 기록되어 있다.

안릉군安陵君이란 자는 초나라 공왕共王의 동성연애 대상으로 몹시 총애를 받았다. 그러자 강을江乙이라는 사람이 안릉에게 주의를 주었다.

"군주가 자네를 이렇게 사랑하는 것은 자네 미모를 좋아하기 때문인데, 이후에 색이 쇠하고 사랑이 식게 되는 날에는 심지어 잠자리가 아직 식기도 전에 사랑을 받지 못하게 될 것이네. 자네가 할 수 있는 최선의 방법은 군주에게 죽더라도 그를 따르겠다고 말하여 오래도록 그의 신임을 받고 보살핌을 받는 것이네."

어느 날 안릉군이 공왕과 운몽雲夢에서 사냥을 할 때, 공왕이 말했다.

"오늘 사냥은 정말 즐겁구나. 그러나 내가 죽은 후에는 누가 나와 함께 이런 즐거움을 누리겠는가?"

안릉군이 듣고 나서 눈물을 흘리며 무릎을 꿇고 말했다.

"대왕께서 천세 만세를 누리신 후에 저는 황천에서도 계속 대왕님을 모시기를 원하옵니다."

공왕이 듣고 나서 크게 감동하여 안릉 땅 전체를 하사하고 그를 안릉군에 봉하였다.

첫 번째 물고기는 되기 싫어요

'용양'에 관한 기록은 《전국책 · 위책편魏策篇》에 있다.

용양군龍陽君은 위왕의 남총으로, 위왕은 그를 매우 사랑했다. 어느 날 두 사람이 함께 낚시를 하였는데, 용양군이 10여 마리를 낚았는데도 즐거워하기는커녕 오히려 눈물을 흘렸다. 위왕이 이를 매우 이상히 여겨 그에게 우는 이유를 묻자, 그가 대답했다.

"제가 첫 번째 물고기를 낚았을 때는 몹시 기뻤지만, 후에 더 큰 물고기를 낚게 되자 첫 번째 물고기를 바다에 버렸습니다. 제가 지금은 임금님의 총애를 받아 베개를 함께하므로 사람들이 모두 저를 경외합니다. 그러나 미남은 도처에 많으니 저보다 더 아름다운 사람을 임금님께 추천하면, 그때에는 저도 바다에 버려진 첫 번째 물고기 신세가 될 것이옵니다. 생각이 여기에 이르니 제가 어찌 울지 않을 수 있겠습니까?"

위왕이 듣고는 매우 감동하고, 전국에 명령을 내려 앞으로 자신에게 미남을 추천하는 자가 있으면 온 집안이 도륙을 당할 것이라고 하였다.

차마 깨울 수가 없구나

'단수'라는 말은 한나라 애제哀帝와 그의 남총 동현董賢의 이야기에서 유래되었다. 동현은 총명한 미남자였고, 그의 아버지는 어사御使를 지냈다. 애제가 그를 발견하고 매우 사랑하여 궁으로 불러들인 후 그날로 패릉령覇陵令이 되게 하고 광록대부로 천거하였다. 동현에 대한 총애가 날고 깊어져 부마도위(駙馬都尉 : 한대에는 말을 관리하던 관직이었으나 후대에는 왕의 사위를 가리키는 말로 바뀌었음) 시중이 되어 궁을 나설 때는 수레를 함께 타고 입궁해서는 측근에서 모셨다. 그가 입궁한 지 만 한 달 사이에 수만금을 하사받아 조정을 놀라게 하고 늘 임금과 함께 눕고 일어났다.

애제가 사랑한 동현의 그림이 그려진 꽃병

그가 20세일 때 애제가 자신의 '만년총萬年塚' 옆에 따로 동현을 위한 무덤 하나를 더 건축하게 하여 죽은 후에도 조석으로 자신과 짝이 될 수 있게 하였다. 동현이 22세일 때에는 대사마大司馬, 대사도大司徒, 대사공大司空 등의 관직을 내려 '삼공三公'을 한 몸에 모아 권세가 임금과 비슷해졌다.

그래서 흉노에서 온 사신이 이렇게 젊은 대신을 보고는 깜짝 놀랐다. 애제가 동현을 총애한 나머지 심지어는 요순 임금처럼 동현에게 선양하려고까지 하였으나, 대신들이 이것만은 극구 만류해 겨우 철회되었다.

애제와 동현은 마치 부부처럼 생활하였다. 한번은 두 사람이 동침하였는데, 애제가 조회에 참석하기 위해 침상에서 일어나야 하는데 옷소매가 동현의 몸 아래 깔려 있었다. 애제는 차마 그를 깨울 수가 없어 가위로 자신의 소매를 잘랐다. 여기서 '소매를 자른다'는 뜻의 '단수'라는 말이 생겨난 것이다.

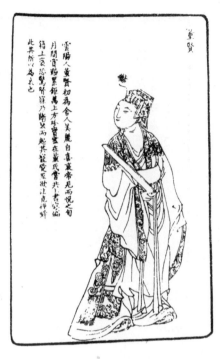

한 애제의 남총 동현

그러나 화무십일홍이라 애제가 병들자 동현은 곧 입궁이 금지되었고, 애제가 죽자 그는 권력을 모두 박탈당했다. 대사마 인장도 회수당하고 집에 연금된 채 벌을 받으라는 명을 받자, 동현은 처자와 함께 자살할 수밖에 없었다. 당시 조정의 중신이었던 왕망王莽이 직접 동현의 관을 검사하며 죽었는지 확인까지 했다. 동현이 죽은 후 온 집안의 재산이 몰수되었는데, 재산이 43만 냥이 넘어 사람들을 놀라게 했다.

阮三國詩暴 卷五

二

聲懷愴傷我心 北里多奇舞濮上有微音 慆薄出游子俛仰乍浮沈 捷徑從狹路慆慢...

趨... 荒淫焉足耽 王子晉翔雲 浮丘挹延年術 可以戒我心

湛湛長江水 上有楓樹林 皐蘭被徑路 黃驥逝骙骙 ...令人悲春氣

感我心三楚 多秀士朝雲 進荒淫朱華 振芬芳高蔡 相追尋一爲黃雀...

哀涙下誰能禁

昔日繁華子 安陵與龍陽 夭夭桃李花 灼灼有輝光 悅懌若...

登高臨四野 青山阿松柏 翳岡岑飛鳥 鳴相過懷此...

常苦多...公 悲東門蘇子 狹三河求仁 自得仁豈復歎咨嗟

不相忘...

開秋兆涼氣 蟋蟀鳴牀帷 感物懷殷憂 悄悄令心悲 多言...

將訴誰微風 吹羅袂明月 耀清暉晨雞 鳴高樹命駕起旋歸

완적이 동성애를 읊은
〈영회시〉

중국의 역대 동성연애 풍조

중국의 역대 황제들은 모두 남색을 즐겼다고 한다. 한나라 때만 해도 고조를 비롯하여 10여 명의 황제가 남색을 즐겼다는 기록과 함께 그 상대방의 이름도 나오고 있다. 그런데 이런 황제들은 단순한 동성연애자가 아니고 양성연애자였다. 그리하여 왕실에서는 언제나 황당하기 짝이 없는 추문이 나돌았다. 그리고 이런 현상은 청대까지 계속되었다.

진대 죽림칠현 중 한 사람인 완적阮籍의 시 〈영회시永懷詩〉에도 안릉과 용양에 관한 내용이 있다. 특히 이때는 군벌이 할거하는 격동기였기 때문에, 앞날이 예측 되지 않는 상황에서 이런 동성애가 사회적인 풍조로 자리 잡아 매춘업보다도 더 번성했다고 한다. 당시에는 또 '여장 남자'가 유행해 귀족들이 사치스런 옷을 걸치고 면도를 하고, 분을 바르고 붉은 입술을 그렸다. 양산백梁山伯과 축영대祝英臺의 슬프디 슬픈 사랑을 그린 중국 영화 〈양축梁祝〉에서 축영대의 아버지가 얼굴에 팩을 하면서 화장하는 장면을 보고 많은 사람이 웃었는데, 그 영화의 배경이 진대였기 때문에 남자가 화

여장 남자

장을 하는 것은 당연한 일이었다.

당대唐代에는 외국과 빈번한 교류가 이루어져 개방적이었다. 장안에 남자 기생이 출현해 주로 남성에게 성적인 서비스를 제공했는데 매우 공개적이고 거리낌이 없었다. 송대 초기에는 대체로 당대의 개방 풍조 전통이 그대로 계승되었다. 정이와 주자의 이학理學이 흥성했음에도 불구하고 남창은 계속 있었던지 법으로 남창들을 체포한 뒤 곤장 100대를 치게 하고, 고발한 자에게는 상으로 돈 50관貫을 주었다고 한다.

명·청대는 중국 봉건사회의 말기로 남색이 더욱 기승을 부렸다. 기승을 부린만큼 정부에서도 엄금하였지만 근절되지는 않았다. 이유는 중국의 전통적인 방중술, 이민족의 지배에 대한 망국의 한 등 여러 가지 요인이 있다. 진나라 때나 청나라 때는 정치적인 이유도 컸다. 이런 중국의 동성연애는 장국영이 출현했던 영화 〈패왕별희〉에서도 발견할 수 있다.

용 문화의 최고봉

—화룡점정

畫龍點睛

용을 그린 다음 마지막으로 눈동자를 그린다는 뜻으로 가장 요긴한 부분을 마치어 일을 끝냄을 이르는 말.

畫 : 그림　화
龍 : 용　룡
點 : 점찍을　점
睛 : 눈동자　정

중국 남북조시대에 장승요張僧繇라는 사람이 있었는데 용 그림을 아주 잘 그렸다. 그의 용 그림은 이미 신의 경지에 들 정도였다. 양 무제는 그가 용을 잘 그린다는 말을 듣고 금릉(金陵 : 지금의 강소성 남경) 안락사安樂寺의 벽에 네 마리의 백룡을 그리게 하였다. 그런데 기이하게도 이 네 마리의 백룡은 모두 눈동자가 없었다. 많은 사람이 이를 이상하게 여기며 물었다.

"선생님은 용 그림을 잘 그린다고 하던데, 어째서 눈동자를 그리시지 않는 거죠? 눈동자 그리기가 그렇게 어려운가요?"

장승요가 정중히 대답했다.

"눈동자를 그리는 것은 쉬운 일입니다. 그러나 내가 일단 눈동자를 그려 넣으면 용이 벽을 부숴 버리고 구름 속으로 날아갈 것입니다."

사람의 심리란 묘한 것이어서 모두 그의 말을 믿지 않고 눈동자를 그려 달라고 조르며 용이 정말로 날아가는지 보려 하였다.

장승요가 눈동자를 그리면 날아갈 것이라고 거듭 말했지만, 사람들은 집요하게 눈동자 그리기를 원하였다. 그래서 하는 수 없이 붓을 들어 눈동자를 그렸다. 그가 두 마리의 용에 두 눈동자를 다 그려 넣자, 갑자기 번개가 치고 폭풍우가 몰아치기 시작하였다. 방금 눈동자를 그려 넣었던 두 마리의 백룡은 이미 구름을 타고 공중으로 날아가 버리고 없었다. 아직 눈동자를 그려 넣지 않은 두 마리의 용만은 그대로 있어, 사람들은 그제야 비로소 장승요의 말을 믿게 되었다.

이 이야기는 당나라 장언원張彦遠의 《역대명화기歷代名畵記》에 기록되어 있는데, 실은 진나라 시기에 이미 화룡점정 이야기가 있었다.

진시황 원년(기원전 221)에 예裔라고 하는 명장名匠이 있었는데, 옥으로 짐승을 조각하면 털조차 똑같을 정도였다. 진시황은 예가 조각한 짐승

용 문양 옥결玉玦

은 눈동자를 그려 넣으면 반드시 도망간다고 하는 사람들의 말을 믿지 않았다. 이리하여 진시황은 예에게 옥으로 잘 조각한 두 마리의 호랑이에게 검은 옷칠로 눈동자 하나씩만 그려 넣게 하였다. 그 후 열흘이 안 되어 두 마리의 옥호랑이가 어디로 갔는지 행방이 묘연했다. 후에 산속에 사는 사람이 보고하기를, "두 마리의 호랑이를 보았는데 눈이 한쪽만 있어 두 마리가 함께 다닙니다. 색깔은 두 마리가 비슷한데, 이런 것은 보기 드문 일입니다"라고 하였다. 다음 해에 서방에서 두 마리의 옥호랑이를 헌상하였는데, 각기 눈동자가 하나씩만 있었다. 시황제가 자세히 살펴보니 원년에 조각한 옥호랑이였다고 한다.

그러나 이 전설은 그다지 광범하게 유포되지 않아 '화룡점정' 이라는 말로 이어지지는 못하였고, 후에 장승요의 '화룡점정' 이 세상에 널리 퍼져 사람들이 자주 인용하게 되었다.

'화룡점정' 은 글자 그대로는 용을 다 그리고 난 후에 마지막으로 눈동자에 점을 찍는다는 말이다. 그러나 요즘은 말이나 문장에서 가장 긴요한 곳에 한두 마디 중요한 말을 보태거나, 또는 무슨 일을 할 때 가장 중요한 부분을 끝내어 전체를 더욱 생동감 있고 두드러지게 만드는 것을 비유하는 말로 사용된다.

입체 조각의 옥 호랑이

용의 전설

용은 중국 전설과 신화 속에서 사람들이 가장 숭배하는 신기한 동물이다. 우리들의 마음속에 정형화된 용의 형상은 소 머리에 사슴 뿔, 뱀 몸에 비늘로 덮이고, 물고기 꼬리에 말의 갈기, 매의 발톱을 지니고 있다. 용은 탄생하고 변화하고 정형화되는 과정에서 풍부한 문화적 함의를 내포하게 되었다.

은대 갑골문에도 '용' 자가 있는데 그 형상이 악어와 비슷하다. 출토된 은대 문물을 보아도 용은 대체로 악어와 비슷하다. 이것을 볼 때 용의 기원은 악어와 관계가 있다는 말이 설득력이 있다. 악어가 신통력이 있는 용으로 변화한 것은 고대 씨족사회의 토템 숭배와 관계가 있다.

중국 신화 속의 복희씨伏羲氏는 그 어머니가 사람 머리에 용의 몸을 지닌 뇌신雷神과 교합하여 태어났다. 염제 신농씨

옥룡
이빨을 드러낸 형상으로 신虹 자 모양을 하고 있다.

용 모양 옥패

神農氏는 그 어머니가 용과 감응하여 태어났다고 한다. 이러한 것은 모두 그 씨족들이 숭배한 토템이 용(즉 악어)이었다는 것을 암시해 준다.

용(악어)은 토템 숭배 속에서 신통력을 가지게 되었다. 악어는 더운 여름날 비바람이 몰아칠 때에는 큰 입을 벌리고 천둥소리를 내며 운다고 한다. 이리하여 사람들은 용이 비바람을 부르며 번개처럼 하늘로 올라간다고 여겨 뇌우의 신으로 존경하게 되었다. 악어의 꼬리는 굵고 딱딱한 것이 마치 강철 밧줄과 같아 싸움을 하거나 먹을 것을 잡는 데 쓰인다. 그래서 신화에는 또 대우大禹가 치수를 할 때 용이 도움을 주었다는 이야기도 있다. 즉 대우가 홍수를 다스릴 때 신룡이 꼬리로 땅에 그림을 그려 물길을 인도하였다는 것이다. 악어는 양서류로 일반적으로는 물가의 동굴 속에 산다. 동굴은 미궁처럼 여러 갈래로 길이 나 있고, 이런 곳은 늘 물이 깊은 곳이다. 그래서 사람들이 용이 물 속에 호화 궁전을 짓고 산다고 여기게 되어 용궁 전설이 나오게 되었다. 악어는 때로는 어패류도 먹는데 이 어패류 속에 진주가 있을 수 있다. 그래서 또 용이 여의주를 물고 있다고 여기게 되었다. 어찌 되었든 용과 관련된 신화는 대부분 악어의 생활 습관과 관계가 있다. 그래서 용의 근원은 악어라는 추측이 설득력을 지닌다. 특히 농경 사회에서 비는

홍산문화·벽옥룡

가장 중요한 것으로 비바람을 일으키는 용에 대한 경외심은 절대적이었다.

용과 관련된 전설은 오랜 세월을 거치면서 그 형상과 문화 상징이 점점 발전하며 풍부해져 갔다. 은대부터 춘추전국시대까지의 용의 형상은 여전히 악어의 형상이었다. 그런데 한위남북조漢魏南北朝시대에 큰 변화가 일어났다. 은대의 거대한 머리, 큰 입, 큰 눈, 긴 몸 이외에 뿔, 이빨, 수염, 갈기, 비늘 등이 완전히 구비되어 그 위맹한 모습이 더욱 활력을 띠게 되었다. 수당오대에서 송원명청宋元明淸대에 용의 형상이 완전히 정형화되었다.

용봉 문양 옥패

용 문화의 상징 역시 시대에 따라 변화하였다. 은대의 용은 뇌신으로 가뭄이 들었을 때는 용에게 기우제를 지냈는데, 이것이 대대로 이어져 내려왔다. 주대에는 성인을 용에 비유하게 되었다. 한대에는 황제가 자신의 권위를 높이기 위하여 '황제는 용이 낳는다'는 설을 만들어 내게 되었다. 그리하여 이후로 용이 황제를 대표하게 되었다. 한대 이후에 용은 또 상서로운 동물이 되어 청룡, 백호, 주작, 현무 중 하나로 사방을 수호하는 신령스런 존재가 되었다. 그 후에는 물고기가 변해 용이 되었다는 설이 유행하기 시작하였다. 황하의 잉어가 용문龍門을 넘으면 용이 되어 하늘로 승천한다는 것이 바로 그것이다.

다양한 용 문양

또한 용과 봉鳳이 동시에 거론되며 길조를 나타냈다. 고대에 용을 토템으로 하는 씨족이 봉을 토템으로 하는 씨족과 결혼을 하였기 때문에, 당대唐代에는 용과 봉은 결혼을 상징한다는 설이 유행하게 되었다. 즉 통치자의 입장에서는 용은 황제, 봉은 황후를 상징하게 되고, 민간에서도 용봉이 혼인을 상징하는 관습이 생겨났다.

송원명청 때에는 용의 문화가 전 시대를 답습해, 용은 거의 황제와 관계가 있다. 의복이나 기물에 들어가는 용의 문양이 민간에서는 사용이 금지되고, 면류관이나 곤룡포 모두 용 문양이 주가 되어 '용관龍冠', '용포龍袍'로 불리게 되었다.

용의 형상은 한당漢唐 이후에는 주로 제왕과 관련이 있지만, 민간에서는 여전히 용이 비바람을 부르고 신통력을 부리는 동물로 간주되며 중화 민족과 불가분의 관계를 맺어 왔다. 민간에는 용춤이 있고, 중국인들은 스스로를 '동방의 거룡'으로 생각하며 '용의 후예'라 부른다. 또한 유명한 사람들의 이름에도 종종 '용'자를 붙이는데, 제갈량의 별호는 '와룡臥龍선생'이고, 조운趙雲의 자는 '자룡'이다. 또 영화배우 이소룡과 성룡도 있다. 그리고 유명한 인물이 나오는 땅을 '와호장룡'이라고 부른다. 이런 용 문화는 같은 한자 문화권인만큼 우리나라에도 비슷한 면이 있다.

사합원에서 느끼는 우물 안 개구리
─정저지와

우물 안의 개구리라는 뜻으로 식견이 넓지 못한 것을 비유.

井 : 우물　**정**
底 : 낮을　**저**
之 : 갈, ~의　**지**
蛙 : 개구리　**와**

어떤 사람의 견식이 넓지 못한 것을 비유할 때 우리는 '우물 안의 개구리'라고 표현한다. 우물 속에 사는 청개구리가 볼 수 있는 하늘은 겨우 우물 입구 정도일 뿐이므로, 이 개구리가 상상할 수 있는 세계와 만물의 천변만화는 제한적일 수밖에 없기 때문이다.

'우물 안의 개구리'라는 한자성어 '정저지와'는 한漢나라 때 생겨났다.

한나라 평제平帝 때 왕망王莽이 대사마大司馬 직위에 있었는데, 일 처리를 잘했을 뿐만 아니라 사람됨도 훌륭해 몹시 공손하고 근검하였다. 이렇게 많은 사람들의 신임을 얻은 후에 드디어 그의 마각을 드러내 한나라를 찬탈하고는 스스로 황제가 되고 국호를 신新이라 하였다. 그러나 법령이 엄격하고 가혹하여 백성들이 참을 수 없게 되었고, 그리하여 대란이 일어났다. 수많은 야심가들이 이 기회를 틈타 한나라를 부흥시킨다는 명목하에 왕망을 토벌하겠다고 들고일어섰다. 후에 왕망이 망하고 한나라를 중흥시킨 광무제가 낙양에서 즉위를 하였지만, 몇 명의 야심가들이 영토를 분할해 할거하고 영웅을 칭하여 한나라가 다시 분열의 국면에 접어들게 되었다. 당시 세력이 비교적 강한 두 사람이 있었는데, 서주西州 지역을 점거한 외효隗囂와 촉나라에서 황제를 칭한 공손술公孫述이 바로 그들이었다.

마원의 선택

마원馬援은 육도삼략六韜三略에 뛰어난 명장이었지만 이 당시는 그다지 이름을 얻지 못하고 양주涼州에서 난을 피하고 있었다. 외효가 이 사실을 알고는 마원을 청하여 수덕장군에 제수하고 그를 매우 존중하였다. 한번은 공손술이 있는 촉의 상황을 알고자 마원을 파견하였다. 마원은 공손술과 동향이어서 어렸을 때부터 잘 알고 지냈다. 마원은 옛 친구를 만나면 아무런 거리낌 없이 마음속의 이야기를 나누리라 생각하였다. 그런데 생각지도 않게 마원이 도착하자 공손술이 온갖 황제 티를 다 내면서 시위병들을 잔뜩 늘어세우고 위풍당당하게 마원을 접견하였다. 접견이 끝난 후에는 그를 관사에 묵게 하고, 종묘 안에 연회를 거창하게 준비하고 문무백관을 배석시키고는 융숭한 예절로 그를 맞이하였다. 그러나 마원은 옛 친구를 만나는데 이렇게까지 할 필요는 없다는 생각이 들어 몹시 기분이 언짢았다.

공손술 또한 마원을 대장군에 제수하려 했다. 마원을 수행하던 사람들이 모두 이를 받아들이라고 권하였으나, 마원은 "현재 천하에 세력이 있는 사람은 모두 자신의 영토를 늘리고 재능 있는 사람들을 끌어들이며 자신의 참모를 구하고 있다. 그러나 높은 자리에 있으면서 겸허하게 사람을 대하지 않고 외관만을 중시하며 기세등등하게 사람을 대한다면 천하의 어진 이들이 어찌 그를 위해서 일을 하겠느냐?" 하고 말하고는 수행원들을 이끌고 외효에게 돌아갔다. 그리곤 외효에게 마원은 "자양(子陽 : 공손술의 자)은 우물 안의 개구리에 불과할 뿐입니다. 무턱대고 거만하니 장래 큰일을 도모하기 어려울 것입니다. 그를 마음속에 두지 마십시오" 하고 말하였다.

후에 마원은 외효 역시 큰 인물이 되지 못할 것을 알고는 광무제에게 투항하였다. 광무제가 마원을 매우 중히 여기며 그 재능을 다 발휘하게 하자 적지않은 공로를 세웠다. 그 후 그는 광무제를 도와 외효와 공손술을 멸하고 한 왕조를 통일시키는 데 큰 공을 세웠다. 광무제 때부터 한나라를 역사에서는 동한東漢이라고 칭한다.

우물은 왜 네모 모양이지?

우물 정 자의 모습

우물이라는 뜻의 '정井' 자는 한나라 때 허신許愼의 《설문해자說文解字》를 보면 "덮개와 난간이 있는 우물의 모습을 그렸다"고 설명하고 있다. 실제로 이런 모습의 우물을 무덤 속에 있는 조각물인 화상석畵像石을 통해 확인할 수 있다. 그러나 사람들은 오래도록 우물이 둥글지 않고 어째서 네모 모양인지를 이해하지 못하였다. 그러다가 1985년에 고성藁城의 교외에서 발굴된 우물들이 방사성 탄소연대측정법에 의하여 기원전 1300년경의 것으로 밝혀졌는데, 이는 갑골문과 같은 시기다. 이 우물들도 다른 우물들처럼 둥근 모양이었지만 우물 밑에 통나무로 만들어진 네모꼴의 틀이 다섯 개 포개져 있었다. 이것이 바로 '井' 자의 모습과 일치했다. 우물을 팔 때 깊게 파 내려갈수록 지하수가 용솟음치듯 솟아올라 기껏 파 놓은 우물의 벽이 물에 무너져 버린다. 그래서 우물 바닥에 나무틀을 설치하여 물이 흘러나와도 무너지지 않게 만들었던 것이다. 우물이 다 완성되고 나서 사람들은 물을 길을 때마다 우물 바닥의 나무틀을 보았을 것이고, 결국은 이를 형상화하여 우물 정井 자를 만들었을 것이다. 또한 이 글자는 '시골 마을의 농지에 관한 제도'라는 의미가 있는데, 井 자의 바깥에 테두리를 씌우면 예전에 쓰였던 밭 전田 자와 비슷해진다. '정전제井田制'에 관한 기록은 《맹자》에도 나오는데, 주나라 초기에 이미 시행되었다. 모든 토지는 자세한 측정에 의해 아홉 등분이 되고, 그중 여덟 부분은 각 가구에서 한 부분씩 경작하고 가운데 있는 한 부분은 왕을 위해 공동으로 경작했는데 일종의 세금이다. 그리고 인구가 증가하면 또 이런 식으로 황무지를 개간한 뒤 토지를 분할하였다. 이 토지 분할이 '井' 자와 유사해서 '정전제'라고 하였다.

중국의 사합원

그런데 어떤 학자는 이 '우물안의 개구리'는 중국 사합원四合院의 정원과 무관하지 않다고 한다.

사합원은 중국의 전통 주택 양식이다. 영화 〈홍등紅燈〉은 산서 지역의 전통적인 사합원이 그 무대가 되고 있다. 중국은 건축물의 형상과 구조에 따라 정원식, 동굴식, 울타리식 등 모두 7가지의 민간 건축양식이 있다. 정원식 민가는 하나의 건물이 선형으로 놓인 형식을 기본으로 하여 건물을 에워싸는 식으로 여러 형식의 뜰이 배치되어 있다. 합원合院은 바로 이런 정원식 민가의 일종으로 북경 사합원이 전형적인 예이다.

북경의 사합원 전경과 내부의 모습

　사합원은 중국 역사 속에서 상당히 오랜 역사를 지니고 있다. 갑골문의 문물 자료 분석에 의해 이미 2천 년 전 서주 시대에 이러한 사합원 형식의 건축물들이 출현하고 있음을 알 수 있다. 그러나 우리가 사합원을 생각할 때 맨 먼저 떠오르는 것은 북경의 사합원이다. 이는 북경의 사합원의 형태가 몹시 규격이 바르고 전형적인 것으로서 그 대표적인 특징을 지니고 있기 때문이다. 섬서 지역의 민간 사합원은 남북이 길고 동서는 좁으며, 사천 지역의 사합원은 정원이 동서로 길고 남북으로 좁은 형태다. 이러한 차이는 모두 지리적인 것과 연관이 있다고 하겠다. 남방의 많은 지역의 사합원은 사면의 집들이 모두 단층이 아닌 2층 혹은 3층으로 되어 있고, 정원의 네 모퉁이에 다시 집을 지어 연결하고 있다. 동서남북 사면에 모두 건물이 있어 독립되어 있으면서도 복합적인 구조를 지니고 있다. 남방 사람들은 이 정원을 '천정天井'이라고 부른다. 강남 지역의 작은 정원들은 이런 가옥 구조로 인해 우물 정井 자 형태를 취하고 있기 때문에 '정저지와井底之蛙'나 '우물 안에서 하늘을 본다'는 뜻의 '좌정관천坐井觀天'이라는 말과 무관하지 않음을 알 수 있다. 이 정원은 사방이 다 꽉 막혀 있어 볼 수 있는 하늘이 제한적이기 때문이다.

사합원은 또 정원을 매우 중요시해 그 통로를 제외하면 모두 땅이다. 여기에 나무도 심고 꽃씨도 뿌린다. 또한 연못을 파서 연꽃을 키우기도 하고 금붕어를 기르기도 한다. 정방正房 앞의 정원에는 일반적으로 두 그루의 나무를 심는데, 가장 많이 심는 것은 해당화, 라일락, 대추나무, 석류나무 등 상서로운 나무들이다. 이런 나무들은 봄에는 꽃을 감상할 수 있고, 여름에는 그늘을 만들어 주고, 가을에는 과실을 제공해 준다. 또 대추나무나 석류나무는 열매가 많아 자손들이 번창함을 상징한다.

그러나 절대로 심지 않는 나무들도 있는데, 소나무나 측백나무, 버드나무, 뽕나무 등이 바로 그것이다. 소나무나 측백나무, 버드나무는 모두 사자死者를 영원히 마음속에 간직하는 것을 상징하는 데다가 토질과 무덤을 보호하는 작

산서성의 사합원
영화 〈홍등〉의 배경이 된 곳.

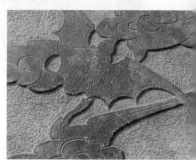

벽에 장식된 박쥐
박쥐는 복을 의미한다.

▲ 대문의 춘련
▼ 나무에도 복 자를 붙인
주인의 센스

용도 한다. 그래서 음택陰宅, 즉 무
덤가에 심는 나무들이다. 그러니
이런 나무들을 음택의 반대인 양
택陽宅, 즉 사람 사는 집에 심는 것
을 꺼리는 것은 당연한 일이다. 이
외에 또 하나 심지 않는 나무가 있
으니 바로 뽕나무와 배나무가 그
것이다. 이는 뽕나무 '상桑' 자와
죽는다는 뜻의 '상喪' 자의 중국어
발음이 같기 때문이다. 배나무의
배 '이梨' 자와 이별할 '이離' 자의
중국어 발음도 모두 리(li)이기 때
문에 이 또한 몹시 꺼린다. 지금도
중국 사람들은 사랑하는 사람들끼
리는 배를 나누어 먹지 않는다고
한다. 헤어질 '이離' 자가 연상되기 때문이다. 이러한 것은
모두 해음(諧音 : 한자에서 음이 같거나 비슷한 한자)에서 나온 결
과이다.

부러운 우정
—백아절현

伯牙絶絃

백아가 거문고 줄을 끊었다는 뜻으로 자기를 알아주는 절친한 벗의
죽음을 슬퍼한다는 말.

伯 : 맏 **백**
牙 : 어금니 **아**
絶 : 끊을 **절**
絃 : 악기줄 **현**

'백아가 거문고의 줄을 끊었다'는 '백아절현'이라는 성어
는 친구와의 우정을 나타내는 말이다.

선진 사상가 순자의 《순자·권학편》에 "옛날에 과파瓜巴가
비파를 타면 물고기들이 나와서 듣고, 백아가 거문고를 타
면 여섯 마리의 말이 하늘을 올려다보며 꼴 먹는 것을 잊었
다"라는 말이 있다. 이 뒷 구절은 백아의 거문고 소리가 너
무나 아름다워 풀을 뜯던 말들마저도 먹는 것을 잊은 채 고
개를 들고 조용히 그의 연주를 들었다는 뜻이다. 백아의 거
문고 소리가 대체 얼마나 아름다웠는지 현재로서는 알 수
없으나 그의 연주와 그에 관한 아름다운 이야기가 인구에
회자되고 있다.

백아는 춘추시대 초나라 사람이다.

고금대

고금대古琴台는 또 백아대라고도 한다. 호북성의 무한시 한양현 귀산龜山에 있다.

하루는 백아가 배를 타고 강을 건너다가 갑자기 광풍을 동반한 폭우를 만나게 되었다. 어부가 재빨리 배를 강기슭에 세우고 비를 피하였다. 폭우가 그친 후에 물빛과 하늘빛이 하나가 되어 아름다운 풍경을 만들어 내고 미풍까지 산들거리며 불어왔다. 높은 산 아래의 강물이 몽환적인 아름다움을 자아내, 백아는 이 풍광에 도취되어 자신도 모르게 거문고를 꺼내어 연주하기 시작하였다. 거문고 소리가 은은히 울려 퍼져 나갔다. 이때 갑자기 한 사람이 절규하듯 감탄하는 소리가 들렸다. 백아가 돌아보니 어부가 기슭에 서서 자신의 거문고 소리를 감상하고 있었다. 백아가 높은 산을 묘사하는 곡을 연주하자, 어부가 감탄하며 말했다.

"아, 좋도다. 웅장하고 장중한 맛이 마치 구름이 높고 높은 산을 감싸고 있는 태산과 같구나."

이번에는 백아가 파도가 출렁이는 바다를 표현하자, 어부가 또 말했다.

"오오, 정말 좋도다. 넓고 넓어 평온하였다가, 격하게 흐르다가, 곡절이 있는가 하면 또 유장함이 있구나. 마치 끝없이 흐르는 강물과 같구나!"

백아가 몹시 기뻐 급히 거문고를 밀어내고 일어서서는 공손히 두 손을 모으고 말했다.

"제가 이 세상을 다 주유하였지만 제 음악을 알아주는 사람을 찾기가 참으로 어려웠소. 오늘에야 다행히 당신을 만나게 되니 내 평생의 소원이 이루어졌소."

고금대 안에 있는 백아가 거문고를 타는 조각품
(금琴을 거문고라고 번역은 하였지만 금과 거문고가 반드시 같은 악기는 아니다)

그리고는 어부를 청하여 배에 오르게 하고 무릎을 맞대고 담소를 나누었다. 백아는 이 어부의 이름이 종자기鍾子期라는 것을 알게 되었다. 또 그가 비록 어부 노릇을 하고 있지만 학식이 풍부하고 철리를 알며, 더구나 고상한 품격까지 갖춘 사람이라는 것을 알게 되자 청산을 마주하고 서로 평생의 지기가 되기로 맹세하였다.

백아가 말했다.

"종자기 아우는 나의 음악을 아네. 방금 연주한 곡명을 〈고산유수〉라 하고 우리 우정의 기념으로 삼세."

두 사람은 헤어질 때 눈물을 흘리며 다음 해 봄 꽃피고 새가 울 때 다시 한 번 만나기로 하고 헤어졌다.

약속한 날이 되어 백아가 배를 타고 그 강기슭으로 찾아갔으나 종자기가 보이지 않았다. 알아보니 종자기가 이미 반년 전에 병사하였다는 것이었다. 백아는 이 소식을 듣고는 만면에 눈물을 흘리면서 종자기의 무덤 앞으로 달려가 통곡하였다.

"내가 겨우 지음을 하나 만났더니 이렇게 젊은 나이에 세상을 하직하다니, 세상이 참으로 불공평하구나. 자네와 만났을 때 연주한 〈고산유수〉나 한번 타 보겠네."

백아는 무덤 앞에서 무릎을 꿇고 거문고를 뜯었다. 뜨거운 눈물이 거문고 위로 떨어졌다. 그는 거문고를 다 탄 후에 하늘을 바라보며 탄식하였다.

"이제 더 이상 내 소리를 알아주는 사람은 없도다" 하고는 종자기 무덤 앞에 있는 돌을 들어 거문고를 부수었다. 그리고 백아는 평생토록 거문고를 타지 않았다고 한다.

친구와의 우정을 나타내는 '지음知音', '고산유수', '백아절금', '백아지탄' 등은 모두 이 아름다운 이야기에서 나왔다. 후대 사람들이 이 백아와 종자기의 이야기를 소설이나 희곡 작품으로 써서 더욱 널리 세상에 퍼졌다.

위의 이야기는 북송시대 때 주장문朱長文이 쓴 《금사琴史》라는 책에 의거한 것이다. 이 책에 "백아는 거문고를 잘 타고, 종자기는 음악을 잘 들었다. 백아의 뜻이 높은 산에 있으면 종자기가 '높고 높은 것이 태산과 같구나'라고 하였고, 백아의 뜻이 흐르는 물에 있으면 '넓고 넓은 것이 마치 강물과 같구나' 라고 하였다. ……종자기가 죽자 백아는 이 세상에 다시는 지음이 없다고 말하고 거문고 줄을 끊고는 평생토록 다시는 거문고를 타지 않았다"라고 적혀 있다.

옛말에 '선비는 자신을 알아주는 자를 위해 죽는다' 고 했다. 백아절현은 바로 이러한 지기의 경계를 비유한다. 우리는 한평생 살면서 진정한 지음을 찾기가 너무 어렵다. 친구를 사귀는 것도 투자가 필요한 것 같다. 내가 진심과 정성을 투자하며 친구를 대할 때 진정한 우정이 생길 것이다.

고사성어 문화답사기 1

2009년 2월 25일 초판 1쇄 발행
2009년 4월 10일 초판 2쇄 발행
2009년 11월 30일 초판 3쇄 발행
2010년 8월 10일 초판 4쇄 발행
2010년 12월 24일 초판 5쇄 발행
2011년 8월 20일 초판 6쇄 발행
2013년 11월 20일 초판 7쇄 발행

지은이 강영매
펴낸이 윤형두
펴낸데 종합출판 범우(주)
등록 2004. 1. 6. 제406-2004-000012호
주소 (413-756) 경기도 파주시 교하읍 문발리 출판단지 525-2
전화 031-955-6900~4
팩스 031-955-6905
홈페이지 http://www.bumwoosa.co.kr
이메일 bumwoosa@chol.com
ISBN 978-89-91167-41-4 03900

* 값은 뒤표지에 있습니다.

이 도서의 국립중앙도서관 출판시 도서목록(CIP)은
e-CIP홈페이지(http://www.nl.go.kr/cip.php)에서 이용하실 수 있습니다.
(CIP제어번호 : CIP 2009000605)